Iris Schmidt
Dörthe Grisse-Seelmeyer

Zeitmanagement

So nutze ich meine Zeit optimal

Mit Illustrationen von Susanne-Lilian Grüning

GONDROM

Konzept, Producing und Koordination:
Twinbooks, München
Text und Redaktion: twinbooks, München (Iris Schmidt, Dörthe Grisse-Seelmeyer, Sonya Mayer)
Abbildungen: Twinbooks, München (Susanne-Lilian Grüning)

Covergestaltung: Monika Hagen
Umschlagfoto: getty images, München

ISBN 3-8112-2032-2

Inhalt

Einleitung

»Kinder, wie schnell doch die Zeit vergeht!« Wie oft mussten Sie sich als Kind diesen Satz von Verwandten anhören – und nur, weil Sie wieder mal fünf Zentimeter gewachsen waren? Wie ungeduldig haben wir die nächsten Ferien herbeigesehnt? Wie endlos mussten wir auf den nächsten Geburtstag warten? Oft schien die Zeit fast stehen zu bleiben.

Viele Jahre später sitzen Sie nun an Ihrem Schreibtisch und erinnern sich an damals zurück. Vieles hat sich inzwischen geändert! Ein Satz, der bei Ihnen als Kind nur ein unverständliches Kopfschütteln hervorgerufen hat, beherrscht nun Ihr Arbeitsleben. Heute bleibt Ihnen kaum noch Zeit, die dringendsten Aufgaben zu erledigen. Sie haben den Eindruck, der Berg mit Arbeit wird immer größer statt kleiner: Wie lange schon wollten Sie die wichtige Korrespondenz erledigen? Kann das Telefonat mit Herrn Maier nicht doch noch um einen Tag aufgeschoben werden? Die Unterlagen für das morgige Meeting müssen unbedingt noch fertig gestellt werden? Und plötzlich geht die Türe auf und Ihr Chef bittet Sie zu einer kurzfristig einberufenen Besprechung zu kommen? – Das Einzige, woran Sie im Moment denken können, ist: »Wie soll ich das nur alles schaffen?«

Dass Sie dieses Buch gekauft haben, zeigt bereits, dass Sie es leid sind, ständig den Aufgaben hinterherzuhetzen, statt ihnen aktiv zu begegnen. Auf den nachfolgenden Seiten sehen Sie, wie Sie in kürzester Zeit durch konsequentes und professionelles Zeitmanagement Ihre Ressourcen perfekt einteilen. Durch klare Ziele, effektive Planung und Prioritätenlisten wird Ihr Arbeitsalltag besser strukturiert. Als Ergebnis optimieren Sie nicht nur Ihre Arbeitsabläufe, sondern fördern auch Ihre Karriere. Denn nichts macht mehr Eindruck auf Vorgesetzte, als sein Ziel ohne Umweg zu erreichen – und das werden Sie in Zukunft problemlos schaffen! Dieser Ratgeber zeigt Ihnen, wie Sie

- Ihre Zeit gezielt und planvoll einteilen,
- Prioritäten setzen und Wichtiges erkennen,
- sich Freiräume schaffen,
- Ihre persönlichen Zeitfallen erkennen,
- sich selbst besser organisieren.

Jeder Mensch hat seine ganz persönlichen Schwierigkeiten im Umgang mit der Zeit. Schieben Sie jede Entscheidung auf die lange Bank, sind Sie einfach zu detailverliebt oder können Sie angeblich nur unter Druck richtig gut arbeiten? Genaue Analysen helfen Ihnen Ihre Schwachpunkte zu erkennen und geeignete Problemlösungen zu ergreifen.

Mal ehrlich, wahrscheinlich denken Sie gerade, »Ich habe eigentlich keine Zeit, dieses Buch zu lesen«? Doch, haben Sie! Dass Sie dieses Buch zur Hand genommen haben, beweist, dass Ihr Zeitmangel für Sie zu einem echten Dilemma geworden ist. Diese Lektüre wird Ihnen in Zukunft ein entspanntes und produktiveres Arbeiten ermöglichen. Und nicht zuletzt wird das Wort Feierabend für Sie wieder Bedeutung haben! Klingt das nicht verlockend?

Die Ist-Situation – Wo stehen Sie jetzt?

Starten Sie Ihr Zeitprojekt, indem Sie Ihre aktuelle Situation analysieren. Machen Sie sich bewusst, wie Sie Ihre Zeit verbringen, wo Aufgaben, Projekte, Anforderungen und Interessen miteinander kollidieren. Erst dann können Sie mit der Planung beginnen, indem Sie Ziele formulieren, Prioritäten setzen und Ihre Zeit strukturieren, um die vorhandenen Ressourcen optimal zu nutzen.

Wie aber können Sie das Optimum Ihrer persönlichen Zeit erfahren und nutzen? Zum einen sollten Sie Ihrer Zeitressource mehr Beachtung schenken: Besonders bei den täglichen Routinearbeiten, aber auch bei einmaligen und wichtigen Projekten finden sich meist große »Einsparungspotenziale«, die Ihr persönliches Zeitergebnis wesentlich verbessern können. Bei dieser Analyse Ihrer persönlichen Zeiteinteilung sollen Ihnen die folgenden Punkte helfen und Sie Ihren Zielen und Wünschen näher bringen.

TIPP
Wenn Sie sich bewusst machen, wie Sie Ihre Zeit verbringen, fangen Sie schon mit dem Zeitsparen an.

Welcher Zeittyp sind Sie?

»Ich schaff das schon irgendwie«

Der »Ich-schaff-das-schon-irgendwie-Typ« hetzt ständig seiner Zeit hinterher, kommt zu sämtlichen Terminen zu spät und verbringt seinen Job und seine Freizeit damit, alles »auf den letzten Drücker« zu erledigen. Dabei plagt ihn die ständige Angst, dass er in der Eile etwas übersehen hat. Gerade diese allgegenwärtige, oft panische Hetze

TIPP
Wer ständig in Eile ist, macht Fehler.

zwingt ihn zwangsläufig zu Fehlern. Er handelt unüberlegt und vergisst so manche Aufgabe. Zeit, neue Ideen zu entwickeln, seine Arbeit zu strukturieren und zu verbessern oder gar sich zu entspannen und die Füße hochzulegen, hat er nicht. Alles muss immer in eingefahrenen Bahnen laufen, sonst endet es im Chaos.

- **»Ich weiß nicht, warum es wieder nicht geklappt hat«**
  Vielleicht sind Sie der Typ, der seine Arbeit zwar im Detail plant, aber dann doch falsch kalkuliert hat. Ihnen fehlen dann nur die richtigen Werkzeuge, um Ihre Arbeitsabläufe zu koordinieren und in den Griff zu bekommen. Keine Sorge! Sie sind schon ganz nah dran!
- **Der Perfektionist**
  Oder sind Sie ein Perfektionist, der eine Arbeit nie beenden kann, weil es immer noch etwas zu verbessern gibt? Dann müssen Sie lernen, mit dem zufrieden zu sein, was Sie in der vorgegebenen Zeit erreichen können. Mehr ist eben nicht möglich. Dazu müssen Sie diszipliniert sein und sich selbst und die Aufgabe genau im Auge behalten. Dann erkennen Sie, wann es »in Ordnung« ist. Für einen Perfektionisten ist es nicht einfach, Abstriche zu machen, doch letztendlich leiden andere Pflichten darunter, wenn Sie sich von einer nicht lösen können.

TIPP
Alles hat ein Ende. Der Perfektionist muss erkennen, wann ein Projekt beendet sein muss.

- **Der Sammler**
  Haben Sie große Probleme damit, etwas wegzuwerfen? Heben Sie alle Zeitschriften auf, die eventuell interessante Artikel enthalten, in der Hoffnung, sie irgendwann zu lesen und dann einen Nutzen daraus zu ziehen? Werfen Sie auch keinen Brief, kein Memo und kein Rundschreiben weg? Irgendwann könnte jemand danach fragen – wie sähe das dann aus, wenn Sie es nicht mehr haben? Wenn aber tatsächlich jemand danach fragen sollte, finden Sie es in dem Papierwust auf Ihrem Schreibtisch nicht mehr.

▶ **Der Aufschieber**

»Morgen ist auch noch ein Tag«, »Das kann ich nächste Woche noch erledigen« oder »In zwei Monaten habe ich den Kopf dafür frei«. Kennen Sie diese Ausreden, um unangenehme, komplizierte oder einfach lästige Projekte vor sich herzuschieben? Vielleicht wollen Sie sich aber auch einfach lieber mit angenehmen Aufgaben beschäftigen und geben ihnen mit diesen Argumenten den Vorrang? Glauben Sie wirklich, dass Sie morgen, nächste Woche oder in zwei Monaten mehr Zeit haben werden? Ganz im Gegenteil! Je länger Sie eine Arbeit hinausschieben, desto lästiger und schwieriger wird sie. Und umso schwerer wird es Ihnen dann fallen, sich damit zu beschäftigen. Denken Sie auch daran, dass jederzeit unvorhergesehene, wichtige und dringende Aufträge hinzukommen können – dann haben Sie erst recht ein heftiges Zeitproblem.

▶ **»Ich arbeite am besten unter Druck«**

Sind Sie der Ansicht, dass ein wenig Stress auf Sie durchaus stimulierend und anregend wirkt? Brauchen Sie den Druck, um sich auf eine Aufgabe zu konzentrieren? Doch was ist, wenn Ihnen dann eine Grippe dazwischen kommt? Ihre ganze Planung wird zunichte gemacht und das Ergebnis wird Sie auch nicht zufrieden stellen. Eine Garantie, dass Sie zum erwarteten Zeitpunkt physisch und psychisch in Bestform sind, gibt es nicht. Darum sollten Sie wichtige Aufgaben nicht verschieben.

- **»Alles ist wichtig«**

Haben Sie Probleme, wichtige von unwichtigen Aufgaben zu trennen? Gehören Sie auch zu den Menschen, die ihren Posteingang zigmal durchforsten, bis sie sich entschieden haben, was vorrangig zu bearbeiten ist? Das ist die reinste Zeitvergeudung! Zum einen beschäftigen Sie sich viel zu lange mit der Post, zum anderen stapeln sich auf Ihrem Schreibtisch Vorgänge, die längst in den Papierkorb gehörten oder schon längst bearbeitet sein müssten. Allzu verständlich ist dann der Gedanke: »Ich weiß nicht, wo ich überhaupt anfangen soll.« Die Folge: Sie fangen gar nicht an, sondern sortieren weiterhin das Chaos und haben Schwierigkeiten, Prioritäten zu setzen.

- **»Ich hab's gleich«**
  Haben Sie Ihren Schreibtisch und Ihr Büro im Griff? Häufig geht uns viel Zeit verloren, weil wir nach Dingen suchen müssen, seien es Telefonnummern, im Aktenwust verlorene Vorgänge oder einfach eine neue Mine für den Kugelschreiber. Wer sich mit den elektronischen Helfern nicht auskennt, vergeudet Zeit, weil er Computer, Fax oder Telefon nicht bedienen kann.
- **»Ich kann nicht Nein sagen!«**
  Ganz andere Ursachen haben Ihre Zeitprobleme, wenn Sie zu den Menschen gehören, die niemals »Nein!« sagen können. Können Sie lieben Mitmenschen nichts abschlagen? »Es dauert nicht lange« und »Kannst du mal kurz ...« sind beliebte Floskeln, die Sie in die Zeitfalle tappen lassen. Aus einem Gefallen werden viele und plötzlich ist es selbstverständlich, dass Sie die Aufgaben Ihrer Kollegen und Freunde übernehmen. Leider fällt ein »Nein!« dann noch viel schwerer, besonders weil die anderen eine Absage weder erwarten noch akzeptieren.

Sie haben sich in einem der genannten Typen erkannt? Sie wissen wirklich nicht, wie Sie alles schaffen sollen? Keine Sorge, darum haben Sie ja dieses Buch!

TIPP
»Tools« erleichtern die Arbeit – nutzen Sie den PC, Internet, Fax, Telefon und Palm optimal. Lassen Sie sich den Umgang erklären oder belegen Sie einen entsprechenden Kurs.

Sie müssen nur lernen,

- Ihre Zeit gezielt und planvoll einzuteilen,
- Hilfsmittel richtig einzusetzen,
- sich selbst zu organisieren,
- Prioritäten zu setzen,
- überflüssigen Arbeitsballast kompromisslos abzuwerfen,
- Ihre Ziele konsequent zu erreichen.

Eine Situationsanalyse

Bei der folgenden Situationsanalyse und Selbsteinschätzung müssen Sie ganz ehrlich sein. Es bringt weder Ihnen noch Ihrem Zeitprojekt etwas, wenn Sie Dinge beschönigen.

Wofür nutze ich meine Zeit?

Aufgabe

Schreiben Sie spontan oder anhand der folgenden Fragen auf, wie Sie Ihren gestrigen Arbeitstag genutzt haben.

1) Was haben Sie erledigt?

2) Konnten Sie bearbeiten, was Sie sich vorgenommen hatten?
- Was hätten Sie noch gerne erledigt?
- Sind Sie mit dem Tag zufrieden oder unzufrieden?

3) Haben Sie an Meetings teilgenommen oder diese geleitet?
- Haben Sie daraus einen Nutzen gezogen?
- In welchem Verhältnis stand der Aufwand, das Meeting vorzubereiten, zu seinem Nutzen?

4) Haben Sie sich mit Kollegen/Mitarbeitern Ihrer Abteilung ausgetauscht (persönlich, telefonisch)?
- Haben diese Gespräche zu einem Ergebnis geführt?

5) Hatten Sie Spielraum für kreative/innovative Überlegungen und/oder Tätigkeiten?
- Konnte Ihnen dieser Spielraum Anstoß für neue Ideen hinsichtlich Arbeitsabläufen, Produkten etc. geben?

6) Konnten Sie sich zu Hause entspannen?
- Wie haben Sie sich dabei gefühlt?

Resümee

Wenn Sie nun den gestrigen Tag betrachten, werden Sie sicherlich positive und negative Elemente entdecken:

TIPP

Loben Sie sich für alles, was Sie gestern erreicht haben.

1. Natürlich haben Sie etwas geschafft! Sie haben einige Routineaufgaben erledigt, sich mit einem schwierigen Sachverhalt beschäftigt, einen Erfolg versprechenden Kundenkontakt hergestellt oder einen Auftrag an Land gezogen. Loben Sie sich für das, was Sie erreicht haben.
2. Sie konnten nicht alles erledigen, was Sie sich vorgenommen hatten? Vielleicht waren Sie frustriert oder verärgert, weil sich diese Aufgabe so hinzieht? Keine Bange, das geht auch anderen so. Wichtig ist nur, dass Sie in diesem ersten Schritt erkennen, was Sie gerne noch erledigt hätten, und es nun nicht auf die lange Bank schieben.
3. Meetings sind ein wichtiges Kommunikations- und Entscheidungsfindungsmittel in jedem Unternehmen. Doch der positive Effekt kann sich sehr schnell ins Gegenteil wandeln, wenn sich nicht alle Beteiligten gründlich vorbereiten, die Besprechung unprofessionell geleitet, der Zeitrahmen falsch gesetzt wird oder Mitarbeiter hinzugezogen werden, die nichts zum Thema beisteuern können.
4. Ohne den Austausch mit Kollegen bzw. Mitarbeitern ist es nicht möglich, effektiv und befriedigend zu arbeiten. Doch »ziellose« Gespräche bringen keinen Beteiligten weiter. Im Laufe eines Gesprächs muss man sich auf ein Ergebnis oder die weiteren Schritt einigen. Achten Sie künftig darauf, Ihre Gespräche zu verbessern.
5. Im hektischen Arbeitsalltag ist selten Zeit, um sich grundsätzliche und zukunftsträchtige Gedanken zu machen. Wie sieht das bei Ihnen aus? Hatten Sie kreative Ideen – wenn ja, werden Sie diese weiterverfolgen? Dieses Buch zeigt Ihnen, wie kreative Freiräume ein ganz alltäglicher Bestandteil Ihres Arbeitsablaufs werden.

6. Ist es Ihnen gelungen, in Ihrer Freizeit abzuschalten? Wenn Sie Ihren Stress und Ärger mit nach Hause genommen haben, ist es höchste Zeit, etwas dagegen zu tun. Es ist extrem wichtig, dass Sie sich zwischendurch entspannen, sonst wird es Ihnen immer schwerer fallen, sich im Büro zu konzentrieren.

Sie sehen nun, dass Sie gestern eine Menge erledigt haben. Doch hätten Sie noch viel effizienter und effektiver arbeiten können. Überlegen Sie genau, wie Sie sich am gestrigen Tag gefühlt haben. Wann waren Sie mit sich und Ihrer Arbeit zufrieden? Wann hatten Sie den Eindruck, überlastet zu sein? Kamen Sie mit einer Arbeit besonders gut voran oder lief ein Projekt schleppender als erwartet? Suchen Sie die Gründe und versuchen Sie, diese genau zu analysieren.

Wo lasse ich mir Zeit »stehlen«?

Sie besitzen viele Stärken, ohne die Sie im Beruf nicht so weit gekommen wären. Doch Sie haben erkannt, dass noch viel mehr Potenzial in Ihnen steckt, das Sie nur »herauskitzeln« müssen. Vielleicht kennen Sie Ihre Schwachpunkte auch schon ganz genau – die Zeit-Typen aus dem ersten Kapitel haben Ihnen dabei sicher geholfen. Prüfen Sie nun anhand der folgenden Fragen, wo Sie Ihre Zeit gut im Griff haben, wo es hakt und wo Sie sich die Zeit stehlen lassen. Kreuzen Sie an, welche Aussagen auf Sie zutreffen:

1. Ich fühle mich oft gehetzt. ☐
2. Ich bin oft unzufrieden, ohne zu wissen, warum. ☐
3. Ich komme oft zu spät zu Terminen. ☐
4. Ich kann mich auf Meetings selten vorbereiten. ☐
5. Ich schiebe unangenehme Aufgaben gerne hinaus. ☐
6. Ich lasse mich bei unangenehmen Aufgaben gerne unterbrechen. ☐

7. Es fällt mir schwer, bei komplexen Aufgaben einen Anfang zu finden. ☐
8. Wenn ich eine Aufgabe mag, nehme ich mir oft zu viel Zeit dafür. ☐
9. Ich habe den Eindruck, dass mich meine Routineaufgaben überrollen. ☐
10. Ich finde keine Muße für kreative Stunden. ☐
11. Wenn ich Zeit habe, fühle ich mich ausgelaugt und kann mich nicht konzentrieren. ☐
12. Ich habe keine mittel- und langfristige Planung. ☐
13. Ich habe Probleme, Aufgaben nach Priorität zu ordnen. ☐
14. Ich muss ständig Unterlagen auf meinem Schreibtisch oder in meinem Büro suchen. ☐
15. Der Posteingang bleibt oft lange unsortiert liegen. ☐
16. Ich möchte gerne schneller und effektiver lesen. ☐
17. Ich werde mit der Flut eingehender E-Mails nicht fertig und kann diese schlecht sortieren. ☐
18. Ich habe den Eindruck, meine elektronischen Hilfsmittel (PC, Palm, Internet, Fax, Handy etc.) nicht richtig zu beherrschen. ☐
19. Ich kann nicht »Nein!« sagen und übernehme oft die Arbeiten anderer. ☐
20. Ich habe Probleme damit, Arbeiten zu delegieren. ☐
21. Ich werde ständig gestört. ☐
22. Ich vertrödle viel Zeit mit Kollegen. ☐
23. Ich nehme viel Arbeit mit nach Hause. ☐
24. Mein Job raubt mir den Schlaf. ☐
25. Ich habe zu wenig Zeit für meine Familie. ☐
26. Meine persönlichen Interessen kommen zu kurz. ☐

Auswertung

1. Wenn Sie zehn oder mehr Aussagen angekreuzt haben, müssen Sie sich mit einem echten Zeitproblem herum-

schlagen. Arbeiten Sie mit Hilfe des Zeitprojekts daran, werden Sie überrascht sein, wie leicht Ihnen viele Dinge plötzlich von der Hand gehen.

2. Haben Sie vier bis neun Fragen zugestimmt, gibt es immer noch eine Menge zu verbessern, bis Sie Ihr Potenzial optimal ausschöpfen. Auch für Sie lohnt sich das Zeitprojekt, um noch mehr zu leisten, mehr Freizeit zu haben oder sich einfach besser zu fühlen.
3. Haben Sie nur ein bis drei Kreuzchen gemacht, ist Zeitmanagement für Sie kein Fremdwort mehr – Gratulation. Doch vielleicht sind es gerade diese Probleme, die Ihnen Kopfzerbrechen bereiten. Nun wissen Sie, auf welche Bereiche dieses Buches Sie sich hauptsächlich konzentrieren müssen, um auch diese Zeitdiebe loszuwerden.

Erstellen Sie einen Tagesplan

TIPP
Die Tagesstatistiken sind die Basis Ihres Zeitmanagements.

An Tagesplänen erkennen Sie Ihre aktuelle und genaue Zeitsituation. Halten Sie sich Ihre Zeitsituation vor Augen, werden Ihnen plötzlich viele Punkte bewusst, die Sie vorher übersehen hatten. Auf Grund dieser Aufzeichnungen lassen sich dann auch Wochen- und Monatsstatistiken erstellen.

Aufgabenstellung
Führen Sie zwei Wochen lang in einem für Ihre Tätigkeit repräsentativen Zeitraum inklusive der Wochenenden eine Aufstellung Ihres Tagesablaufs (also nicht im Urlaub oder wenn Sie gerade krank im Bett liegen). Gliedern Sie den Tag dabei in halbstündige Abschnitte.

Mein Tagesplan
1. Datum
2. Uhrzeit

3. Tätigkeit: Beschreiben Sie Ihre Tätigkeit stichpunktartig.
4. Konzentrations- und Leistungsfähigkeit: Benoten Sie, wie fit und konzentriert Sie während dieser Tätigkeit waren:
   Note 1 = Konzentration besonders hoch
   Note 2 = Konzentration hoch
   Note 3 = Konzentration ist normal
   Note 4 = Konzentration ist nicht einfach
   Note 5 = Konzentration ist sehr schwer
   Note 6 = Konzentration gleich null
5. Spalte: Stimmung: Nehmen Sie sich vor der Mittagspause und vor dem Feierabend etwas Zeit. Lassen Sie die vergangenen Stunden Revue passieren und tragen Sie Ihre Stimmung ein.

Beispiel

Das Beispiel zeigt einen Ausschnitt aus einem typischen Arbeitstag von Herrn Faber, einem Mitarbeiter im Einkauf einer mittelständischen Firma (es könnte natürlich genauso gut Frau Faber sein). Herr Faber wird uns durch verschiedene Kapitel dieses Buches begleiten, um Ihnen ein gelungenes Zeitmanagement zu veranschaulichen.

Datum	Uhrzeit	Tätigkeit	Leistungsnote	Stimmung
20.01.	7:00	Unterlagen für Meeting vorbereitet	4	zu wenig Zeit, genervt
	7:30	Fahrt zur Arbeit	4	zu spät losgefahren, genervt
	8:00	Meeting	3	immer noch genervt, sonst okay
	8:30	Meeting	2	okay

MERKE: Ziehen Sie es durch! Diese Tagesstatistik sieht nach sehr viel Arbeit aus, trotzdem sollten Sie zwei Wochen lang durchhalten, es wird sich lohnen.

Die vergleichende Statistik

Die größte Mühe und den größten Aufwand haben Sie nun hinter sich, jetzt zeigen wir Ihnen, welchen Nutzen Sie zuerst aus diesen Daten ziehen können.

- **1. Schritt:** Zunächst werten wir Ihre persönliche Konzentration bei den jeweiligen Tätigkeiten aus. Dazu sehen wir uns zunächst die Noten an, die Sie sich gegeben haben. Bitte addieren Sie Ihre jeweiligen Noten wie im Beispiel: Herr Faber hatte innerhalb einer Woche:
  - Besonders hohe Konzentration (Note 1) = 20-mal
  - Hohe Konzentration (Note 2) = 36-mal
  - Normale Konzentration (Note 3) = 45-mal
  - Konzentration war nicht einfach (Note 4) = 34-mal
  - Konzentration war sehr schwer (Note 5) = 17-mal
  - Konzentration war gleich null (Note 6) = 8-mal
- **2. Schritt:** Im zweiten Schritt fassen Sie nun die einzelnen Noten zu zwei Bereichen zusammen.
  Beispiel: Herr Faber hatte 101-mal (20+36+45) einen Konzentrationsquotienten im oberen Bereich (von 1 bis 3) und 59-mal (34+17+8) einen Konzentrationsquotienten im unteren Bereich (von 4 bis 6). Sie sehen, dass Herr Faber trotz der vielen aufgeführten Tätigkeiten ein positives Ergebnis erzielt. Wenn er die Regeln des Zeitmanagements verinnerlicht, kann er es sogar noch steigern.
- **3. Schritt:** Nun haben Sie schon einen guten Überblick über Ihre Konzentrationsfähigkeit gewonnen. Diese ordnen Sie nun den verschiedenen Tätigkeiten zu.

Beispiel: Kundenkorrespondenz = hohe Konzentration; Vorbereitung des Meetings = Konzentration fiel schwer. Anhand dieser weiteren Liste erkennen Sie nun, welche Tätigkeiten und Aufgaben Ihnen Spaß machen und welches Maß an Konzentration Sie diesen entgegenbringen. Zusätzlich wird Ihnen Ihre jeweilige Stimmung weitere Aufschlüsse geben. So werden Sie feststellen, dass Ihre Stimmung in direktem Zusammenhang mit Ihrer Konzentrationsfähigkeit steht. Die Basis Ihres Leistungsvermögens (und natürlich auch Ihrer Tätigkeiten im privaten Bereich) ist Ihre persönliche Konzentrationsfähigkeit.

- **4. Schritt:** Nun haben Sie einen tiefen Einblick in Ihren persönlichen Tagesablauf und Ihre Leistungsschwankungen erhalten. Sicherlich sind Sie ein wenig überrascht, wie häufig Sie sich schlecht konzentrieren konnten – doch keine Bange, das geht den meisten von uns so. Jetzt ist es Zeit, an die Ursachenforschung zu gehen.

Herr Faber zum Beispiel hätte sich bei der Vorbereitung des Meetings viel besser konzentrieren können, wenn er früher aufgestanden wäre, am Vortag die Unterlagen gesichtet oder Kollegen mit in die Vorbereitung einbezogen hätte. Der Absturz seines Computers stellt keinesfalls höhere Gewalt dar, der Datenverlust hätte sich durch rechtzeitiges Sichern der Dokumente vermeiden lassen.

MERKE: Betreiben Sie Ursachenforschung! Machen Sie es sich zur Gewohnheit, vor Feierabend Ihren Arbeitstag Revue passieren zu lassen, zu analysieren und zu überdenken. Dadurch werden Sie für Zeitfallen sensibilisiert und kommen Ihrem Ziel ein großes Stück näher.

- **5. Schritt:** Um zu erkennen, ob Sie bereits Fortschritte gemacht haben, stellen wir nun die Ergebnisse Ihrer beiden Wochenanalysen gegenüber. Viele Tätigkeiten wiederholen sich ständig, insbesondere Routineaufgaben (siehe Seite 60) oder Abläufe im Haushalt und im privaten Bereich – andere Aufgaben treten nur einmal auf (z. B. neue Projekte). Zum Vergleich eignen sich hierbei nur die wiederkehrenden Ereignisse. Sind Sie in den gleichen Situationen stets schlechter Stimmung, ist es an der Zeit, die Ursache abzustellen bzw. zu verändern.

Orientieren Sie sich an folgenden Beispielen:

- Defektes technisches Equipment sollte schnellstmöglich repariert werden.
- Wer sich bei Telefonaten mit Kunden viel ärgert, sollte sich die geeigneten Telefontechniken (kunden-/serviceorientiert telefonieren) in speziellen Kursen aneignen.
- Dem Drang, für alles zuständig und verantwortlich zu sein, kann man durch geschicktes Delegieren (siehe Seite 86) oder »Teambuilding« entgegenwirken.

Um Ihre Leistungsfähigkeit und Ihre Zeiteinteilung zu optimieren, sollten Sie sich drei Ziele setzen:

- **Nehmen Sie Zeit als knappe Ressource wahr:** Im Gegensatz zu Geld können Sie Zeit nicht auf ein Konto legen und für später sparen. Sie haben nur die Möglichkeit, sie gut oder schlecht zu nutzen. Wie Sie sicher längst gemerkt haben, lässt sich die Zeit schlecht manipulieren, sie lässt sich weder vorwegnehmen noch nachholen. Mittlerweile gehört der Einsatz multimedialer Instrumente zum Alltag jedes Unternehmens. Die so übermittelten Informationen und die Kommunikation gehen dabei unvorstellbar schnell vonstatten – denken Sie nur daran, wie schnell ein E-Mail am Ziel ist. Aber um schnell zu sein, muss man sich Zeit nehmen. Dies geschieht dadurch, dass Sie sich Ihre persönlichen Zeitressourcen bewusst machen und sie effektiv nutzen müssen.

- **Nutzen Sie die Zeit effektiv:** Auch hier setzen wir an Ihren persönlichen Aufzeichnungen an. Zeit effektiv zu nutzen heißt Prioritäten zu setzen. Dies haben Sie in Ihrer Prioritätenliste schon erledigt und sind somit einen guten Schritt näher an Ihrem Ziel. Wie nutzen Sie die Zeit effektiv? Indem Sie sich auf das Wesentliche konzentrieren.
- **Nutzen Sie die Zeit effizient:** Sich selbst organisieren heißt die Devise. Dabei setzt das klassische Zeitmanagement ein, welches die Punkte Planung, Organisation und Arbeitstechnik umfasst. Wie Sie dann weiter vorgehen und welche wichtigen Instrumente Sie dabei nutzen können, werden Sie in diesem Buch erfahren.

Fazit

- Erkennen Sie, wo Sie jetzt stehen.
- Wie war der gestrige Tag, womit waren Sie zufrieden und was ist nicht so gut gelaufen?
- Prüfen Sie, wo Sie sich Zeit stehlen lassen.
- Führen Sie zwei Wochen lang Buch über Ihren Tagesablauf. Damit gewinnen Sie wertvolle Erkenntnisse für Ihr Zeitmanagement.
- Zeit ist eine knappe Ressource und lässt sich nicht nachholen. Gerade im Zeitalter der schnellen Kommunikation ist es besonders wichtig, sich dieser Tatsache bewusst zu werden.

Büroorganisation

Wie Sie Ihr Büro und seine Ausstattung sinnvoll nutzen, hängt davon ab, wie Sie beides organisiert haben. Wie wichtig es ist, den Schreibtisch aufzuräumen und die Ablage zu strukturieren, muss noch einmal betont werden (siehe Seite 49ff). Doch es gibt noch mehr Beiträge zum effektiveren Arbeiten.

Der Arbeitsplatz

Ganz entscheidend für stressfreies und kreatives Arbeiten ist Ihre Sitzhaltung. Dazu benötigen Sie einen Bürostuhl, der sich sowohl in der Höhe als auch in der Position verstellen lässt. Grundsätzlich sollte die Höhe so eingestellt sein, dass Ihre Beine bequem unter den Tisch passen und die Füße flach auf dem Boden stehen. Die Lehne des Bürostuhls muss Ihren Rücken gut stützen.

- **Bildschirm, Tastatur und Maus:** Sorgen Sie dafür, dass sich im Computerbildschirm kein Licht spiegelt, das überanstrengt Ihre Augen. Der Monitor sollte auch nicht vor einem Fenster stehen, da das Gegenlicht ebenfalls blendet. Die Höhe sollte für die Augen angenehm sein. Erfahrungsgemäß ist ein zu hoher Neigungswinkel nicht sinnvoll, weil dabei der Blickwinkel zu steil ist. Müssen Sie während der Computerarbeit häufig in Ihre Unterlagen blicken, ist es sinnvoll, einen Dokumentenhalter am Bildschirm anzubringen. Dann müssen Sie nicht ständig vom Monitor zur Schreibtischplatte blicken. Bringen Sie das Keyboard auf eine Höhe, die auch nach längerer Nutzung noch angenehm ist. Bedienen Sie die Tasten ohne Kraftaufwand. Eine gepolsterte Stütze unter den Handballen sorgt für eine entspannte Haltung.

Die Computerdateien

Viel Zeit geht bei der Suche nach Dateien verloren. Solchen Problemen helfen Sie ab, wenn Sie die Files logisch strukturiert und übersichtlich ordnen. Überlegen Sie sich zuerst eine Hauptstruktur, die Ihrem Arbeitsbereich entspricht – setzen Sie also Themenschwerpunkte. In diesen Hauptordnern legen Sie nun Unterverzeichnisse an, die den Themenschwerpunkt gliedern. Die bekannten Programme bieten an, den Dateipfad automatisch als Fußnote auf dem Dokument zu ergänzen. Verwenden Sie prägnante und nachvollziehbare Dateinamen. Beim erstmaligen Speichern sollten Sie auch die Dateieigenschaften eintragen, so lässt sich der Inhalt leicht nachvollziehen, ohne das Dokument zu öffnen.

- **Regelmäßig sichern!** Speichern Sie Ihre Daten regelmäßig. Es ist zeitaufwändig, bereits erledigte Arbeit noch einmal zu machen, weil die Daten verloren gegangen sind. Es gibt viele Speichermedien (z. B. Diskette, ZIP, CD-ROM, DVD), die Sie je nach Datenmenge nutzen können. CDs bieten sich für große Datenmengen an, die nicht auf verschiedene Datenträger verteilt werden sollen.

Die Ziel-Situation – Wo Sie stehen wollen

Seine Ziele zu bestimmen ist die Voraussetzung für ein klares Zeitmanagement. Wozu sollten Sie Ihre Zeit planen, wenn kein Ziel, kein Wunsch nach Veränderung in Sicht ist, die es zu erreichen gilt?

Formulieren Sie Ihre Ziele

Wissen Sie, welche Ziele Sie in fünf, zehn oder 30 Jahren erreicht haben möchten? Viele Menschen haben keine klaren Vorstellungen von ihrer Zukunft, sie lassen sich einfach treiben und warten ab, was das Leben ihnen bringt. Sicher kennen Sie diese Argumente: »Woher soll ich wissen, was in zehn Jahren sein wird?«, »Bin ich Hellseher?« ...

Viele Menschen haben sich ihrem sozialen Umfeld derart angepasst, dass sie sich dessen Ziele zu Eigen gemacht haben. Also tun Sie nichts, nur weil Ihre Eltern, Ihr Partner oder Ihre Freunde das von Ihnen erwarten. Wenn Sie genau wissen, was Sie wollen, dürfen Sie Ihre Ziele auch selbstbewusst verfolgen und erreichen.

Natürlich sind Sie kein Hellseher und es können viele unvorhergesehene Dinge eintreten, die Sie zwingen, Ihren Kurs zu korrigieren. Das ist nicht weiter schlimm! Betrachten Sie die Zielsetzung einfach als Hilfsmittel, das es Ihnen ermöglicht, Ihr Leben eigenständig zu leben.

Sie haben keine konkreten Ziele? Erklären Sie Ihre Träume zu Zielen – tun Sie das nicht, werden Sie sich immer weiter von Ihren Träumen entfernen und sie niemals erreichen.

TIPP
Klare Ziele motivieren uns zu Höchstleistungen.

Schreiben Sie Ihren Wunschzettel!

Erst wenn Sie Ihre Ziele aufschreiben, erhalten die Wünsche, die bislang nur in Ihrem Kopf existieren, einen realistischen Anstrich. Man kann es auch so formulieren: Erst wenn Sie Ihre persönlichen Ziele aufschreiben, werden diese geboren, erst dadurch rücken sie in Ihr Bewusstsein.

TIPP
Machen Sie Ihre Träume zu Ihren Zielen!

Schreiben Sie nun sechs Ziele auf, die Sie erreichen möchten. Prüfen Sie nun, ob Ihre Ziele

- konkret sind. »Ich will mich beruflich verbessern« ist nicht konkret. In welcher Position möchten Sie arbeiten? Müssen Sie die Firma wechseln oder lässt sich das bei Ihrem bisherigen Arbeitgeber verwirklichen? Geht es Ihnen um finanzielle oder inhaltliche Verbesserung?
- überprüfbar sind. Können Sie die Fortschritte /die Veränderung »messen«? Wenn Sie also eine Gehaltserhöhung oder eine Beförderung erreichen, dann sind das messbare Ergebnisse.

TIPP
Erwecken Sie Ihre Träume zum Leben: Schreiben Sie sich eine Wunschliste mit Zielen, die Sie unbedingt erreichen möchten.

- realistisch sind. Natürlich werden Sie weder in der gleichen noch in einer höheren Position das Doppelte verdienen. Halten Sie Ihre Wünsche also im Rahmen.
- im vorgegebenen Zeitrahmen erreichbar sind. Ihr Vorgesetzter ist gerade mal fünf Jahre älter als Sie und erst seit einem Jahr auf seinem Posten? Dann werden Sie sicher nicht so bald auf seinen Posten kommen.

Diese Anforderungen stellen sicher, dass Ihre Ziele nicht einfach nur vage Wünsche sind. Um Ziele umsetzen zu können, müssen sie bestimmten Kriterien standhalten. Lassen Sie uns das an den Zielen von Herrn Faber überprüfen:

1. Firmenwagen,
2. mehr Sport treiben,
3. mehr Zeit für die Familie,
4. ein Segelboot,
5. Aufbaustudium beginnen,
6. Führungsposition.

Klopfen wir diese Ziele nach unseren Kriterien ab:

1. **Firmenwagen:** Dieses scheinbar eindeutige Ziel lässt sich viel deutlicher formulieren. Zu welchem Zeitpunkt möchte Herr Faber den Wagen haben? Welche Voraussetzungen muss das Auto erfüllen? Wann und wofür möchte er diesen Firmenwagen nutzen? Herr Faber muss sich erstens eine Zeitvorgabe setzen: »In spätestens einem Jahr möchte ich einen Firmenwagen haben.« Er muss sich auch deutlich machen, welchen Autotyp er haben möchte. Ein Kleinwagen scheint weniger attraktiv, wenn er auf Grund seiner beruflichen Aufgaben und auch seines sozialen Umfelds einen Kombi oder eine Limousine benötigt.
2. **Mehr Sport treiben:** Wie viel Sport treibt Herr Faber jetzt und um welchen Prozentsatz möchte er diese Zeit erhöhen? Wenn er derzeit gar nicht aktiv ist, dann sind zwei Stunden pro Woche schon »mehr«. Geht er aber be-

reits einmal wöchentlich zwei Stunden ins Fitness-Studio, muss er wiederum eine konkrete Zahl nennen. Auch muss er sich klar machen, welchen Sport er ausüben möchte. Joggen? Fitness? Oder versteht er schon einige Spaziergänge als Sport? Erst wenn er das weiß, wird das Ziel konkret, messbar und kontrollierbar.

3. **Mehr Zeit für die Familie:** Auch hier muss Herr Faber eine Bestandsaufnahme machen und festlegen, wie viel mehr Zeit er mit seiner Familie verbringen will und was genau er darunter versteht. Er könnte sich z. B. vornehmen, täglich mit allen Familienmitgliedern zu Abend zu essen, jeden Sonntag mit ihnen einen Ausflug zu unternehmen oder seine Frau einmal in der Woche zum Essen auszuführen. Nur bei einem solch konkreten Ziel lässt sich überprüfen, ob er es tatsächlich erreicht hat.
4. **Ein Segelboot:** Wie beim Wunsch nach einem Firmenwagen muss Herr Faber hier eine konkrete Zeitvorgabe machen. Auch nützt es ihm nichts, wenn er zwar ein Boot hat, aber keine Zeit, es zu nutzen, keinen Partner, mit dem er segeln kann, oder keinen Liegeplatz im Yachtclub.
5. **Aufbaustudium:** Wann soll das Studium beginnen, wann soll es enden? Wenn er irgendwann einmal irgendein Aufbaustudium beginnen möchte, wird er nie dazu kommen. Er muss ebenfalls definieren, ob dieses Studium parallel zu seiner beruflichen Tätigkeit laufen kann, ein Vollzeitstudium sein soll oder im Blockunterricht stattfindet. Dazu muss er sich über die für ihn in Frage kommenden Studiengänge informieren. Eine weitere Überlegung stellt sich in den Möglichkeiten, die ihm das Studium eröffnet. Wird diese Zusatzqualifikation Herrn Faber beruflich weiterbringen, verhilft sie ihm zu einer Beförderung oder einem Wechsel und geht damit sein Wunsch nach einem Firmenwagen in Erfüllung?

6. **Führungsposition:** Zu welchem Zeitpunkt will Herr Faber seine Wunschposition erreicht haben? Welche Führungsposition soll das genau sein? Welche Vorteile verspricht er sich mit dem Aufstieg, strebt er nach mehr Verantwortung, einem höheren Gehalt, einem höheren Ansehen oder möchte er sich selbst beweisen, dass er auch solche Hürden schaffen kann?

Noch konkreter: Definieren Sie Ihre Ziele

Sie wissen nun, worauf es ankommt, wenn Sie Ihre Ziele *formulieren.* Wenn Sie diese *definieren*, müssen Sie noch weiter ins Detail gehen. Sie teilen das Ziel dabei in verschiedene »Unterziele« auf, also in überschaubare Einzelschritte. Sie definieren, von welchen Voraussetzungen es abhängt, dass Sie die Vorgaben erreichen, und was Sie selbst tun müssen. Überlegen Sie sich Ihr Ziel möglichst detailliert und vor allem, welche Konsequenzen daraus entstehen könnten.

TIPP

Je konkreter Sie Ihre Ziele formulieren, desto leichter können Sie diese erreichen.

Setzen Sie Schwerpunkte

Wählen Sie nun aus Ihren Zielen diejenigen aus, die Ihnen wichtiger als alle anderen sind. Ordnen Sie diese nach Wichtigkeit. Sie können die Ziele in Ihrer Zieldefinition aber auch in unterschiedlichen Farben markieren. Folgende Farben könnten Sie den Schwerpunkten dabei zuordnen: rot = wichtigste Ziele, grün = sekundäre Ziele, blau = drittrangige Ziele, gelb = viertrangige Ziele.

Markieren Sie Ihr wichtigstes Ziel rot. Alle Wünsche, welche die wesentlichen Voraussetzungen für dieses Ziel bilden, sind damit zweitrangig (so wie der Segelschein die Voraussetzung für das Segelboot bildet). Drittrangig sind die Nebenziele, die Sie motivieren. Dies müssen keine großartigen Wünsche sein, sondern eher kleine »Teilziele«.

MERKE: Achten Sie darauf, sich realistische Ziele und Termine zu setzen, ansonsten geraten Sie zu sehr unter Druck. Es muss möglich sein, den Wunsch zu realisieren. Planen Sie lieber in kleinen und überschaubaren Schritten, statt sich zu viel auf einmal vorzunehmen. Natürlich liegt es in Ihrem persönlichen Ermessen, wie hoch Sie die Latte legen. Halten Sie sich an die Faustregel, dass Ihre Ziele hoch genug sein sollten, um Sie richtig anzuspornen. Stecken Sie die Erwartungen zu hoch, besteht die Gefahr, dass Sie sich schon im Vorfeld (also beim Formulieren) überfordert und entmutigt fühlen.

Fazit

- Machen Sie aus Ihren Wünschen und Träumen Ziele.
- Wenn Sie Ihre Ziele formulieren und aufschreiben, visualisieren Sie diese vor Ihrem inneren Auge. So werden sie Ihnen bewusst.
- Ziele müssen konkret sein – nur dann können Sie sie realisieren.
- Ziele müssen überprüfbar sein – der Erfolg muss sichtbar und messbar sein.
- Ziele müssen realistisch sein – unrealistische Ziele demotivieren und frustrieren Sie nur.
- Ziele müssen im geplanten Zeitrahmen erreichbar sein.
- Wer seine Ziele klar definiert, ist bereits einen Schritt näher an der Umsetzung.
- Legen Sie einzelne Zielabschnitte (die Unterziele) fest.
- Definieren Sie, welche Maßnahmen Sie ergreifen müssen, um Ihre Ziele auch wirklich zu erreichen.
- Setzen Sie fest, welche Ziele die wichtigsten sind.

Telefonieren

Wissen Sie, wie viele Stunden Sie pro Woche telefonieren? Sie können die Gesprächszeit reduzieren und zu schnelleren und besseren Ergebnissen kommen, wenn Sie die folgenden Regeln beachten.

- **Auf Telefonate vorbereiten:** Wenn Sie wissen, wann Sie ein wichtiges Telefonat führen, sollten Sie sich darauf vorbereiten. Legen Sie sich alle Unterlagen bereit. Machen Sie sich vor dem Gespräch mit den Unterlagen vertraut, damit Sie nicht ständig nachschlagen müssen. Markieren Sie relevante Seiten mit Klebezetteln.

- **Gesprächspartner notieren:** Scheuen Sie sich nicht, nachzufragen, wenn Sie den Namen nicht verstanden haben. Die meisten Menschen schätzen es, mit ihrem Namen angesprochen zu werden, daher sollten Sie ihn bei der Begrüßung, der Verabschiedung und zwischendurch immer mal wieder nennen. Das macht Sie sympathisch.

- **Gesprächsziel und -strategie festlegen:** Überlegen Sie sich vor dem Telefonat genau, was Sie erreichen wollen – das ist Ihr Gesprächsziel. Legen Sie sich Argumente dafür und Gegenargumente bereit. Legen Sie fest, zu welchen Kompromissen Sie bereit sind. Überlegen Sie sich auch eine Alternative für den Fall, dass sich kein Ergebnis erzielen lässt – das Gespräch sollte immer positiv enden.

- **Ergebnisse festhalten:** Einer der beiden Gesprächspartner sollte das Ergebnis noch einmal zusammenfassen. So gehen Sie sicher, dass keine Missverständnisse das Ergebnis verfälschen. Bei wichtigen Gesprächen sollten Sie die Vereinbarungen noch einmal schriftlich bestätigen.

- **Die Dauer des Gesprächs begrenzen:** Legen Sie einen Zeitrahmen für das Telefonat fest und versuchen Sie diesen einzuhalten.

- **Unliebsame Gespräche abwimmeln:** Wimmeln Sie unpassende oder unerwartete Gespräche einfach ab! Das mag Ihnen unangenehm sein, doch sollten Sie immer daran denken, dass der Anrufer in diesem Moment ja auch keine Rücksicht auf Sie nimmt. Am besten ist es, einen neuen Gesprächstermin zu vereinbaren.

- **Plaudereien vermeiden:** Auch wenn es schwer fällt, bleiben Sie beim Thema und schweifen Sie nicht ab. Sonst wird das eigentliche Gesprächsthema zur Nebensache. Gegen einige nette Worte und die Frage nach dem Befinden ist aber nichts einzuwenden.

Jeder hat ausreichend Zeit

Vor der Zeit sind alle gleich, denn Zeit ist die gerechteste Sache der Welt – auch wenn sie uns manches Mal als eine der ungerechtesten Sachen der Welt erscheint. Jeder Mensch, egal ob Kind, Teenager, Hausfrau, Sachbearbeiter, Manager oder Rentner, hat an jedem Tag 24 Stunden zur Verfügung. Warum ist dieses Gut dann so knapp? Vielleicht weil wir falsch mit ihm umgehen?

Werden Sie Ihr eigener Manager

Zeitmanagement ist ein Bestandteil des Selbstmanagements. Wenn Sie sich selbst organisieren – sich managen, benötigen Sie neben dem guten Willen auch eine gehörige Portion Selbstdisziplin. Schließlich gilt es immer wieder, den inneren »Schweinehund« zu überwinden, also sich nicht von unwichtigen Aufgaben ablenken zu lassen.
Der alte Spruch »Es ist noch kein Meister vom Himmel gefallen« bewahrheitet sich auch hier. Wichtig ist nur, dass Sie an sich arbeiten. Aber keine Bange, die Selbstdisziplin kommt fast von alleine, wenn Sie die ersten Erfolge sehen.

Stellen Sie sich das Ganze wie den Bau eines Hauses vor. Der Initiator ist der Bauherr, der Planer der Architekt, der Ausführende die Baufirma und der Überwacher der Bauleiter. Leider gibt es beim Zeitmanagement keine so schöne und klare Arbeitsteilung. Sie sind alles in einer Person! Werden Sie Ihr eigener Manager und bestimmen Sie selbst (soweit möglich), wie Sie Ihre Arbeit einteilen.

TIPP
Seine Zeit optimal zu nutzen, ist ein eigenes Projekt. Probieren Sie es aus, es lohnt sich!

Was brauchen Sie zum Selbstmanagement?

Überlegen Sie einmal, welche Eigenschaften einen guten Manager ausmachen. Fachwissen setzen wir voraus, doch darüber hinaus gibt es noch weitere Qualifikationen. Nachfolgend sehen Sie das ABC der wichtigsten Fähigkeiten, die Sie bei Ihrem Zeitprojekt weiterbringen:

- **Ausdauer:** Für einen Manager soll es keine Probleme, sondern nur Aufgaben geben. Dazu gehört eine große Portion Ausdauer. Geben Sie nicht bei der ersten Schwierigkeit auf! Durststrecken müssen überwunden werden, selbst wenn es manchmal schwer fällt. Sie müssen aber auch erkennen, wann es wenig Sinn macht, ein Projekt um jeden Preis durchzuziehen.
- **Autonomie:** Sie sollten in Ihrem Verhalten so weit wie möglich autonom sein. Schließlich müssen Sie Entscheidungen treffen und die Verantwortung dafür tragen.
- **Belastbarkeit:** Ihre körperliche und mentale Belastbarkeit können Sie durch gesunde Ernährung, Sport und mentalen Ausgleich enorm steigern.

- **Dynamik:** wird Ihnen helfen, sich selbst, Ihre Mitarbeiter und Kollegen für Ihre Projekte zu begeistern. Dynamik steht in engem Zusammenhang mit Motivation. Das hilft Ihnen, mit anderen zu kommunizieren.

MERKE: Die Qualitäten des (Selbst-)Managements sind die Eigenschaften und Fähigkeiten, die Ihnen persönlich nützlich sind, egal, ob Sie Schüler, Student, Sachbearbeiter, Vorgesetzter, Selbstständiger etc. sind.

- **Flexibilität:** wird Ihnen helfen, sich schnell auf neue Situationen und Anforderungen einzustellen und angemessen darauf zu reagieren.
- **Lernwille:** Sie müssen neue Techniken akzeptieren und ständig dazulernen. Ob Handy, Notebook oder Internet, Sie dürfen keine Angst haben, sich mit diesen neuen Mitteln der Kommunikation zu beschäftigen, neue Sprachen zu lernen oder sich neue Arbeitstechniken anzueignen. Wer bei Vorgesetzten und Kollegen nicht als »Mensch von gestern« gelten will, muss mit der Zeit gehen.
- **Kontrolle:** Sie müssen sich und Ihre Tätigkeiten auch immer wieder kritisch kontrollieren. Sie müssen sich selbst hinterfragen und immer weiter an sich arbeiten. An welchen Messlatten Sie sich orientieren sollen? Am besten an klar definierten Werten wie Umsatz, Gewinn, Verkaufszahlen, der Auslastung von Maschinen – oder einfach an dem Stapel auf Ihrem Schreibtisch!
- **Kritikfähigkeit:** Mangelnde Kritikfähigkeit kennzeichnet den selbstverliebten oder unsicheren Menschen. Beide Eigenschaften haben keinen Platz im Selbstmanagement.

Genauso müssen Sie aber auch die Fähigkeit besitzen, konstruktiv Kritik zu üben, z. B. wenn Kollegen einen Fehler gemacht haben. Sachliche Kritik anzunehmen und zu üben, ist sehr wichtig für die Arbeit im Team, sei es mit Kollegen oder Kunden.

- **Motivation:** ist eine wichtige Triebfeder im Job. Gewinnbeteiligung, Belohnung, Vergünstigungen und Anerkennung motivieren uns auf jeden Fall, doch sollte auch die Freude an der Arbeit nicht zu kurz kommen.
- **Qualitätsanspruch:** Um ein zufrieden stellendes Arbeitsergebnis abzuliefern, müssen Sie höchste Anforderungen an sich selbst stellen. Ihnen sollte daran gelegen sein, nicht »irgendetwas«, sondern das Bestmögliche zu erzielen. Dabei dürfen Sie sich nicht in Details verzetteln, sondern müssen das Ziel immer im Blick behalten.
- **Soziale Kompetenz:** Dieser Begriff hat in letzter Zeit enorm an Bedeutung gewonnen. Hier geht es um Teamgeist, Kollegialität, Verantwortungsbewusstsein und Führungsqualitäten. Alle diese Eigenschaften sind für Ihre Arbeit mit Kollegen wichtig. Nicht nur die Vorgesetzten müssen heute soziale Kompetenz zeigen!
- **Wertekodex:** Das bedeutet, dass Sie nicht nur wissen, *was* Sie erreichen wollen, sondern vor allem, *wie* Sie es erreichen wollen. Das gibt Ihnen Halt sowie Verantwortung und hilft Ihnen, eine klare Linie zu vertreten und Respekt zu erlangen.
- **Zuverlässigkeit:** Das sollte Ihre wichtigste Eigenschaft sein. Was nützten Ihnen Kreativität, Engagement und die Fähigkeit, sich und die Firma gut zu präsentieren, wenn Sie nicht zuverlässig sind, Termine platzen ließen, Kollegen und Kunden unzufrieden wären, keine neuen Aufträge mehr eingingen und das Unternehmen einen schlechten Ruf bekäme?

All diese Eigenschaften und Fähigkeiten benötigen Sie, wenn Sie Ihr eigener Manager werden wollen. Denken Sie jetzt »Oh Gott, das ist doch viel zu viel auf einmal«? Werden Sie nicht nervös, denn Sie besitzen viele dieser Eigenschaften bereits, Sie müssen sie sich nur noch bewusst machen und weiter ausbauen.

So brauchen Sie sich zum Beispiel nicht die Dynamik eines Motivationstrainers aneignen, der es versteht, einen Saal voll Menschen mitzureißen. Es ist nur wichtig, dass Sie genug Dynamik besitzen, um sich selbst immer wieder für Ihre Arbeit zu begeistern. Arbeiten Sie im Team oder sind Sie auf andere (freie Mitarbeiter, Kollegen aus anderen Abteilungen) angewiesen, ist es natürlich sehr hilfreich, wenn Sie auch diese anstecken können. Betrachten Sie dieses ABC als Checkliste, um sich Ihre Eigenschaften und Fähigkeiten bewusst zu machen und zu erkennen, welche Sie noch aufbauen müssen.

TIPP

Selbstbestimmung ist im realistischen Rahmen in fast jeder Position möglich. Wer Handlungsspielräume nutzen will, muss seine Entscheidungskompetenz voll ausschöpfen.

Nutzen Sie Ihren Handlungsspielraum

Auch ein »normaler« Mitarbeiter kann sich selbst managen – allerdings müssen Sie sich dann die Vorgaben Ihres Chefs zu Eigen machen. Trotzdem wird Ihnen immer noch ein persönlicher Spielraum zur Verfügung stehen, den Sie nach eigenen Vorstellungen gestalten können.

Selbst Ihr Chef kann nicht tun und lassen, was er will, auch er hat Vorgesetzte. Dies muss nicht immer eine höhere Führungsebene sein – auch Kunden sind wie Vorgesetzte, die Termine vorgeben, Resultate sehen wollen und die Arbeit bezahlen. Sie sehen also, dass kaum jemand in der glücklichen Lage ist, seine Zeit im beruflichen Umfeld völlig losgelöst von anderen zu organisieren. Dennoch geht es den meisten Chefs um Resultate, nicht um den Weg dahin. Oder schaut Ihnen Ihr Chef den ganzen Tag über die Schulter?

Was ist Zeitmanagement?

Nicht umsonst heißt es »Zeit ist Geld«. Doch Zeit ist viel mehr, »Zeit ist Leben«. Sie dient Ihnen dazu, sich mit den wichtigsten Dingen in Ihrem Leben zu beschäftigen: sich im Beruf zu engagieren, sich Ihrer Familie und Ihren persönlichen Interessen zu widmen. Meistens sieht es jedoch so aus, dass Sie gestresst von einem Termin zum nächsten hetzen und sich keinem der drei Bereiche so aufmerksam und hingebungsvoll widmen können, wie Sie es sich wünschen. Was läuft also verkehrt? Sie nutzen Ihre Zeit nicht optimal aus. Zeitmanagement hilft Ihnen, 10 bis 20 Prozent Ihrer Zeit zu sparen – sie steht Ihnen dann zur freien Verfügung.

TIPP

Zeit ist Leben! Wer seine Zeit systematisch managt, kann sich viel häufiger den Dingen widmen, die ihm wirklich wichtig sind.

Die Zeit gezielt nutzen

Durch Zeitmanagement sollen Sie sich Ihrer Zeit bewusst werden und Sie nicht einfach ungenutzt verstreichen lassen. Zeitmanagement versetzt Sie in die Lage zu erkennen, worauf es wirklich ankommt. So können Sie Ihre Energie für die Aufgaben einsetzen, die Sie weiterbringen, und die zeitraubenden, sinnlosen Tätigkeiten guten Gewissens vernachlässigen. Sie organisieren sich selbst und bestimmen dadurch eigenständig über Ihren Tagesablauf. So schaffen Sie Raum für Dinge, die wirklich wichtig sind.

Im ersten Schritt müssen Sie sich klar machen, mit welchen Tätigkeiten Sie sich beschäftigen (siehe Kapitel Ist-Situation, Seite 7ff). Im Anschluss müssen Sie die einzelnen Aufgaben bewerten und gliedern. Machen Sie das am besten nach dem Eisenhower-Schema (siehe Seite 44ff).

Ein Gespür für das Wichtige entwickeln

Wenn Sie Ihren Tagesablauf gliedern, werden Sie gewisse Regelmäßigkeiten entdecken:

TIPP

Die Zeit sinnvoll nutzen, nicht mit Nebensächlichkeiten zu verplanen, das ist die wahre Kunst des Zeitmanagements.

- Sie befassen sich mit vielen Dingen, die auch andere für Sie hätten erledigen können.
- Wenn Sie keine Möglichkeit haben, Arbeit zu delegieren, müssen Sie alle unwichtigen Tätigkeiten rigoros kürzen.
- Sie haben sich bei bestimmten Tätigkeiten besonders lange aufgehalten. Vielleicht wurden Sie ständig unterbrochen, Ihnen hat die Sache einfach viel Spaß gemacht oder Sie haben wichtige Aufgaben unter Zeitdruck erledigt.

Sie müssen also ein Gespür dafür entwickeln, was wirklich dringend und wichtig ist und was warten kann. Dann sind Sie schon mittendrin im Zeitmanagement.

Fazit

- Erkennen Sie Ihren Zeit-Typ, dann wissen Sie, woran Sie arbeiten müssen.
- Ihr Projekt ist nun Ihre Zeitplanung.
- Managen Sie sich selbst und verbessern Sie die Fähigkeiten und Eigenschaften, die Ihnen dabei nützlich sind.
- Jeder kann seine Zeit besser planen, egal, ob er Vorgesetzter, Selbstständiger, Angestellter, Student oder Azubi ist.
- Zeitmanagement ist die Kunst, die Rahmenbedingungen bestmöglich zu nutzen.
- Zeitmanagement ist ein Bestandteil des Selbstmanagements.
- Sie entscheiden, ob Sie weniger arbeiten wollen oder Ihre Arbeitszeit effektiver und effizienter nutzen wollen.

Umsetzung – Welche Möglichkeiten haben Sie?

Ihre Ziele stehen fest, nun geht es daran, sie in die Tat umzusetzen. Dazu müssen Sie erkennen, in welchem Zeitrahmen Sie die Teilziele erreicht haben sollten, um das Gesamtziel zu verwirklichen. Dies dürfen Sie niemals aus den Augen verlieren und von unwichtigen Aufgaben »auffressen« lassen, denn diese Planung ist Ihr Leitfaden.

In Zeithorizonten planen

Um Ihre Ziele umzusetzen, müssen Sie die kurz-, mittel- und langfristigen Aufgaben stets im Blick haben. Von Ihren langfristigen Zielen leiten sich Tätigkeiten ab, die in vorangehenden Zeitebenen/Zeithorizonten erledigt sein müssen.

TIPP
Vergessen Sie nicht, Ihre Zielsetzung der Ihres Vorgesetzten und/oder Ihrer Kunden anzupassen.

Ein neues Produkt soll pünktlich zur Messe vorgestellt werden. Bevor Tag X kommt, müssen noch viele Schritte unternommen werden. Das ist unter anderem die Marktforschung (Was möchte der Endverbraucher? Wohin geht der Trend? Besteht eine Nische für die Firma? Mit welchem Produkt kann man starten? Entsteht daraus sogar eine Produktfamilie?). Weiterhin gilt es, die Anschaffungs- und Herstellungskosten (Maschinen, Mitarbeiter, Materialien) zu ermitteln. Andere Abteilungen müssen einbezogen und gemeinsame Teilschritte erarbeitet werden, bis es dann so weit ist, die Material- und Farbauswahl zu treffen und Muster zu fertigen.

Bis zum Serienprodukt sind viele Tätigkeiten notwendig, die voneinander abhängen. Bleibt das Projekt an einer Stelle »hängen«, verzögert sich der gesamte weitere Verlauf. Teilen Sie die einzelnen Projektschritte in verschiedene Zeithorizonte ein, können Sie jederzeit die komplette Planung überwachen. Hinzu kommen noch Ihre tagesaktuellen Aufgaben und die Vorgaben Ihres Chefs oder Ihrer Kunden.

Drei Zeithorizonte

Um den Überblick nicht zu verlieren, sollten Sie konkret und kurzfristig in drei Zeithorizonten planen. In Unternehmen bezeichnet man diesen Zeitplan oft als Projektplan. Dieser teilt sich z. B. in aktive und inaktive Projekte, dringliche Projekte, Neuerfindungen, Innovationen, Produktveränderungen und Ziele bei der Neukundengewinnung auf.

Drei Horizonte:

- In der *ersten Zeitebene* befassen Sie sich mit dem kommenden Tag. Diesen gilt es effektiv zu gestalten.
- Der *zweite Zeithorizont* umfasst die kommende Woche. So haben Sie Gelegenheit, Ihre wöchentliche Arbeit konkret zu planen und zu sehen, welche Tätigkeiten voneinander abhängen.
- Die *dritte Ebene* umfasst meist ein Vierteljahr. So können Sie jeweils zum Quartalsende Bilanz ziehen.

Läuft Ihr Job nach einem festen Rhythmus ab, können Sie die Zeithorizonte entsprechend ändern, z. B. die dritte Ebene alle vier Monate statt eines Vierteljahres ansetzen oder zwei Wochen statt einer Woche als zweite Ebene definieren.

TIPP
Ordnen Sie das Wirrwarr von Aufgaben! Was muss vordringlich, was später erledigt werden?

Wichtiges erkennen – das Pareto-Prinzip

Das A und O Ihrer Zeitplanung ist es, Wichtiges von Unwichtigem zu unterscheiden, so zum Beispiel:

- wichtige Tätigkeiten von unwichtigen,
- wichtige Projekte von unwichtigen.

Wenn Sie diese Trennung umgesetzt haben, bleiben Ihnen viel mehr Zeit und Muße für die Tätigkeiten, die Ihren beruflichen und privaten Alltag erfüllend gestalten.

Das so genannte Pareto-Prinzip bestätigt diese Unterscheidung. Der italienische Wirtschaftswissenschaftler Vilfredo Pareto stellte gegen Ende des 19. Jahrhunderts fest, dass sich 80 Prozent des italienischen Volksvermögens auf lediglich 20 Prozent der Familien verteilte.

Eine weitere Variante dieses Prinzips formulierte Robert Townsends in seinem humoresken Klassiker »Hoch lebe die Organisation«: Seiner Ansicht nach machen 20 Prozent einer Gruppe von Verkäufern stets 80 Prozent des Umsatzes.

Dieser 80/20-Schlüssel lässt sich auf viele Bereiche übertragen, mag er im Einzelfall auch von den genauen Werten abweichen. So erzielen Verlage 80 Prozent ihres Gewinns mit nur 20 Prozent der Bücher.

Welchen Nutzen Sie aus diesem Prinzip ziehen? Es soll Ihnen zeigen, wie wichtig es ist, sich auf die wesentlichen Dinge zu konzentrieren, um effektiv zu arbeiten.

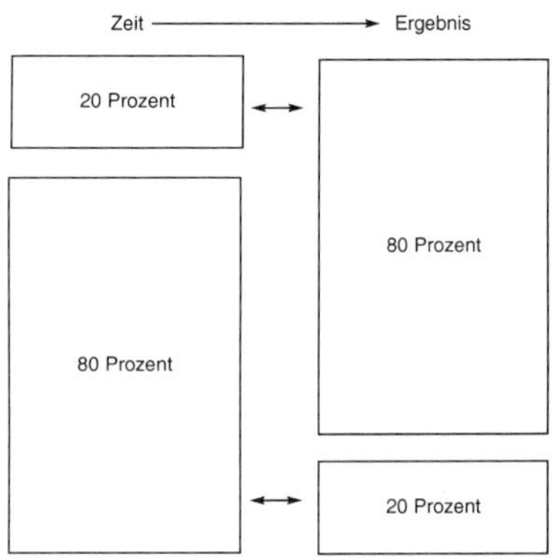

Input ist nicht gleich Output

Fakt ist, dass der größte Anteil jedes Ergebnisses (sei es in einem Unternehmen oder bei einer einzigen Person) auf einem kleinen Teil des Aufwands beruht. Lassen Sie diese Formel einmal auf sich wirken: Ein Fünftel Ihrer Tätigkeiten sorgt für vier Fünftel Ihrer Ergebnisse.

Überlegen Sie jetzt zum Beispiel, welche Ihrer Tätigkeiten den größten Teil des Umsatzes ausmachen, wie viel Umsatz Ihre größten Kunden einbringen und in welcher Zeit eines Meetings die entscheidenden Beschlüsse gefasst werden. Sie werden schnell feststellen, dass Sie den größten Teil Ihrer Zeit Dinge tun, die für das Gesamtergebnis nicht relevant sind. Warum also sollten Sie Zeit vergeuden, wenn Sie mit gezieltem Aufwand das bessere Ergebnis erzielen?

- Beschäftigen Sie sich mit den wichtigen Aufgaben!
- Verschwenden Sie keine Zeit mit unwichtigen Dingen!
- Lernen Sie Wichtiges von Unwichtigem zu trennen!

Wie das geht, erfahren Sie gleich!

Setzen Sie Prioritäten

Doch welche Dinge sind die wichtigen? Vielen Menschen fällt es sehr schwer, Prioritäten zu setzen. Sie schieben Papierstapel von einer Seite des Schreibtischs zur anderen und können sich trotzdem nicht entscheiden, welcher Vorgang nun bevorzugt zu behandeln ist. Sicher kennen auch Sie Kollegen, die sich nicht festlegen wollen, wer welches Projekt übernehmen, wo der nächste Messeauftritt stattfinden oder welches Menü sie in der Kantine wählen sollen ... Oder gehören Sie gar selbst zu den »ewig Unentschlossenen«? Dann probieren Sie am besten das »Eisenhower-Schema«!

TIPP
Jedes Etappenziel hat eine andere Priorität. Setzen Sie die Prioritäten richtig, gelangen Sie schrittweise zum Ziel.

Das Eisenhower-Schema

Ein gutes Hilfsmittel, um Ihre Aufgaben zu bewerten, ist das Eisenhower-Prinzip. Es unterteilt Ihre Tätigkeiten mit dem folgenden Prüfschema in die vier Kategorien A, B, C und D.

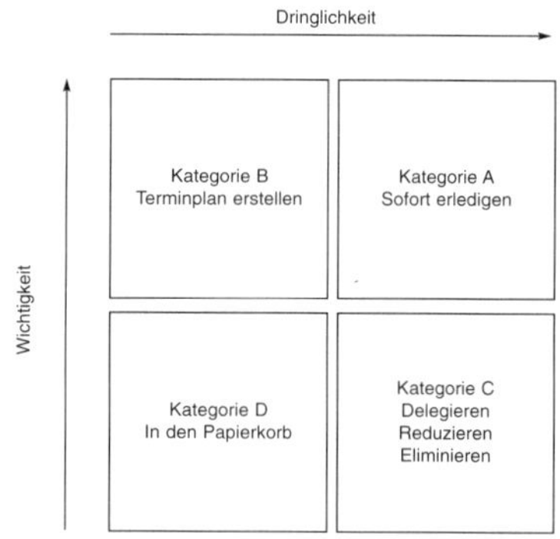

TIPP

Ordnen Sie Ihre täglichen Aufgaben nach dem Eisenhower-Schema in A-, B-, C- und D-Pflichten!

- **Kategorie A: Wichtig und dringlich:** Das sind jene Tätigkeiten, die keinen Aufschub dulden. Diese muss man sofort erledigen, sonst gibt es Probleme. Müssen Sie Angebote erstellen, die heute noch raus müssen? Ein Meeting vorbereiten, das morgen stattfindet? Dann sind das klassische »Kategorie-A-Aufgaben«. Wer keine richtige Zeitplanung betreibt, sammelt in dieser Kategorie häufig die Aufgaben, die er auf den letzten Drücker erledigen muss. Das kommt Ihnen bekannt vor? Leider hat das oft fatale Folgen, denn Sie müssen sich gerade für diese Tätigkeiten besonders stark konzentrieren. Wenn Sie diese Pflichten in Ihren Tagesplan einkalkulieren und geschickt vorausplanen, werden sie Sie nicht mehr überrollen. Grundsätzlich dürfen Sie dringende und wichtige Aufgaben nicht vor sich herschieben. Denken Sie an den Spruch »Was du heute kannst besorgen, verschiebe nicht auf morgen«.

- **Kategorie B: Wichtig, aber nicht dringlich:** Solche Aufgaben müssen Sie wohlbedacht in Ihre Terminplanung einfügen – nicht zu früh, aber auch nicht zu spät. Erledigen Sie eine B-Aufgabe zu früh, machen Sie sich vielleicht doppelte Arbeit, weil Sie später Informationen erhalten, die eine Neubearbeitung notwendig machen. Terminieren Sie diese zu spät, wird sich die B-Aufgabe schnell in die A-Kategorie verschieben. Auch B-Aufgaben erfordern ein hohes Maß an Konzentration von Ihnen. Sie müssen Ihre Arbeitsabläufe umstrukturieren, den neuen Firmenauftritt vorbereiten oder Ihre Steuerunterlagen fertig machen? Dies sind klassische B-Aufgaben.
- **Kategorie C: Dringlich, aber nicht wichtig:** Dringende, aber unwichtige Vorgänge bieten sich meistens an, sie zu delegieren. Belasten Sie sich nicht damit, Präsentationsunterlagen zu kopieren, Rundbriefe zu faxen oder Mailings zu kuvertieren und zu frankieren, wenn es in Ihrer Firma Mitarbeiter (Praktikanten, Volontäre, Werkstudenten, Teamassistenten) gibt, die diese Aufgabe übernehmen können. Sie müssen ein Projekt vorbereiten, zu dessen Vorbereitung auch Recherchearbeiten (z. B. Preisermittlung), Flug- und Hotelreservierung und andere Tätigkeiten fallen, die mit dem eigentlichen Ergebnis nicht direkt zusammenhängen? Nur keine Scheu, delegieren Sie diese Pflichten weiter. Leider ist es nicht immer möglich, solche Aufgaben weiterzuleiten – entweder weil in Ihrem Unternehmen niemand dafür vorgesehen ist oder weil der Praktikant schon total überlastet ist. Dann müssen Sie sich in Ihrem Terminplan Zeit dafür einräumen.
- **Kategorie D: Nicht wichtig und nicht dringlich:** »Ab in den Papierkorb« lautet im Üblichen die Empfehlung für gewisse Aufgaben. Was nicht wichtig und nicht dringlich ist, muss gar nicht erledigt werden. Doch geht das immer?

TIPP

Nach dem Eisenhower-Prinzip gibt es vier Typen von Aufgaben (A, B, C und D), wobei man B-Pflichten gelegentlich und C-Aufgaben häufig delegieren kann.

Müssen die Mitarbeiter wirklich selbst ihr gebrauchtes Geschirr spülen? Oder handschriftlich Wochenpläne der geplanten Erledigungen ausfüllen? Vielleicht sieht Ihr Chef das ganz anders? Dann sollten Sie mit ihm darüber sprechen. Schlagen Sie dabei konkret vor, wie sich die Sache anders regeln ließe. Andere Abteilungen haben eine Spülmaschine in der Teeküche? Das Reinigungspersonal spült das Geschirr? Die Wochenpläne ließen sich auch in Dateivorlagen erstellen? Ist es unmöglich, eine grundsätzliche Regelung zu finden, müssen Sie auch für solche leidigen Pflichten einen Platz in Ihrem Zeitplan finden. Vielleicht macht Ihnen eine solche Aufgabe aber auch besonderen Spaß. Sie gehen gerne zwischendurch in die Bibliothek, um die neusten Fachzeitschriften nach wertvollen Informationen zu durchforsten? Dann planen Sie das doch einfach als »Belohnung« in Ihren Zeitplan ein.

Aufgabe:

- **1. Schritt:** Ordnen Sie die Tätigkeiten Ihrer Tagesaufstellung (Seite 16f) nach dem Eisenhower-Schema ein. Überprüfen Sie, wie viel Zeit Sie jeweils mit A-, B-, C- und D-Aufgaben verbracht haben. Sie werden sich wundern, wie wenig Zeit Ihnen für Aufgaben der Kategorie A und B geblieben ist. Diese kommen nämlich meist viel zu kurz.
  A-Aufgaben:...
  B-Aufgaben:...
  C-Aufgaben:...
  D-Aufgaben:...
- **2. Schritt:** Sie dürfen sich nun nicht zu viel vornehmen und Ihren Plan für den folgenden Tag mit den Aufgaben der vier Kategorien vollstopfen. Planen Sie 35 Prozent Ihres regulären Arbeitstages (ohne Überstunden!) für Aufgaben der Kategorie A (das sind bei einem Acht-Stunden-

Tag 2,8 Stunden), ca. 15 Prozent (1,2 Stunden) für Tätigkeiten der Kategorie B und ca. 10 Prozent (0,8 Stunden) für Arbeiten der Kategorien C und D ein. Insgesamt sollten Sie nicht mehr als 60 Prozent (4,8 Stunden) Ihres Arbeitstages verplanen. So haben Sie noch genügend Zeitpuffer für Verzögerungen und Unvorhergesehenes.

TIPP
An der Grafik sehen Sie, wie viel Zeit Sie täglich verschwenden – mit wichtigen Aufgaben beschäftigen wir uns kaum, mit unwichtigen aber einen Großteil der Zeit.

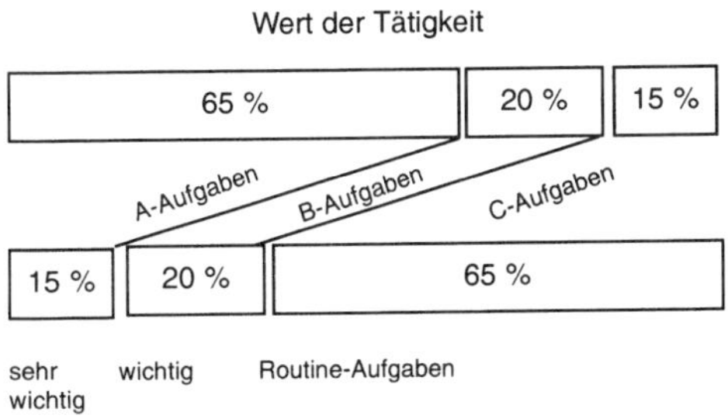

Die bisherige A-, B-, C-und D-Einteilung bezieht sich auf die bekannten, alltäglichen oder routinemäßigen Aufgaben des kommenden Tages oder der weiteren Planung. Doch jeder Tag bringt auch unvorhergesehene Aufgaben mit sich. Diese sollten Sie sofort in Ihr Eisenhower-Schema einordnen und je nach Kategorie in die aktuelle Tagesplanung oder Ihre langfristige Planung einbeziehen.

Wenn Sie in einem Team Projekte planen, müssen Sie bedenken, dass jedes Team-Mitglied sein eigenes Eisenhower-Prinzip hat. Damit beurteilt jeder die Tätigkeiten unterschiedlich, sodass die Einschätzungen sogar kollidieren können. Haben Sie vor, eine Aufgabe an einen Team-Kollegen zu delegieren, kann es durchaus sein, dass er diese in seine Kategorie D einteilt und für irrelevant hält. Stimmen Sie also schon bei der Projektplanung die Priorität der einzelnen Aufgaben untereinander ab.

Was du heute kannst besorgen ...

Machen Sie es sich zur Gewohnheit, die wichtigen und dringenden Aufgaben sofort zu erledigen. Am Ende des Arbeitstages müssen sie abgeschlossen sein, verschieben Sie diese auf keinen Fall! Sollten Sie doch einmal nicht alle A-Aufgaben geschafft haben, müssen sie im nächsten Tagesplan an erste Stelle rücken. Übertragen Sie auch die anderen unerledigten Tätigkeiten.

MERKE: Es wird nur wenige Tage geben, an welchen Sie alles schaffen, was Sie sich vorgenommen haben. Doch keine Angst, das ist ganz normal! Sie müssen nur lernen, Ihre Pflichten nicht ständig aufzuschieben.

Sie haben maximal 60 Prozent Ihrer Zeit verplant, Ihre Pausen genossen, alle unvorhergesehenen Aufgaben erledigt und haben trotzdem noch Zeit übrig? Sie sind ein Glückspilz! Füllen Sie diese Zeit einfach mit den kleinen »Zeitfressern«. Beantworten Sie z. B. einige unwichtige Briefe, die heute eingegangen sind und eigentlich warten könnten.

Notieren Sie sich ebenfalls direkt nach dem Durchlesen auf jedem Dokument, wo Sie es ablegen, in welchen Ordner oder zu welchem Vorgang es gehört. Verschieben Sie also so wenig Tätigkeiten wie möglich auf den morgigen Tag.

Sorgen Sie für Entlastung

Schaffen Sie sich in Ihrem Umfeld die für Sie persönlich idealen Arbeitsbedingungen. Das wird Sie entlasten, Zeit sparen und Sie zufriedener machen.

An die Arbeit!

Nun wollen Sie endlich loslegen und etwas bewegen? Der erste Schritt wird sein, dass Sie Ihren Schreibtisch und Ihr Büro aufräumen. Denn die verbreitete Ansicht, dass ein voller oder gar chaotischer Schreibtisch auf einen fleißigen Mitarbeiter schließen lässt, stimmt überhaupt nicht.

TIPP
Haken Sie ab! Haken Sie jede erledigte Aufgabe in Ihrem Zeitplan ab – das motiviert Sie sicher ungemein.

Ordnung auf dem Schreibtisch

Räumen Sie Ihren Schreibtisch einmal bis auf den Computer und das Telefon ganz leer. Das wird Sie zwar im Moment etwas Zeit kosten, doch langfristig spart es Ihnen viel mehr. Wischen Sie den Schreibtisch nun sauber, damit er Sie richtig zum Ordnunghalten einlädt.

Nehmen Sie alle Dinge, die Sie täglich brauchen (z. B. Kalender, Stifte, Taschenrechner, Notizblock, Hefter, Locher, etc.) und ordnen Sie diese gut erreichbar auf dem Schreibtisch an. Behalten Sie diese Anordnung von nun an bei – dann brauchen Sie nicht mehr suchen, wenn Sie den Taschenrechner brauchen. Wollen Sie nicht auf einige persönliche Dinge (Fotos, Souvenirs) verzichten, dürfen diese nicht im Weg stehen. Besorgen Sie sich nun sechs stapelbare Ablagefächer, die Sie folgendermaßen beschriften:

- Eingang,
- Heute erledigen,
- Weiterleiten,
- Ablegen,
- Lesen,
- Ausgang.

Zumindest das »Heute erledigen«-Fach sollte auf Ihrem Schreibtisch stehen, die anderen müssen in Armlänge erreichbar sein. Das erleichtert es Ihnen, die eingehenden Vorgänge zu bewerten und zuzuordnen.

TIPP
Sortieren Sie die zusammengehörenden Papiere in den Fächern in Klarsichthüllen. So lassen sich mehrere Dokumente einem Vorgang zuordnen.

Damit Ihr Schreibtisch schön ordentlich bleibt und er Sie immer so jungfräulich anstrahlt, müssen Sie natürlich konsequent sein und darauf achten, dass er nicht wieder »vermüllt«. Planen Sie sich also gegen Ende des Arbeitstages fünf Minuten ein und räumen Sie auf. Ordnen Sie die Papiere im Ablagefach den jeweiligen Vorgängen zu, geben Sie die Ausgangspost weiter und verteilen Sie spätestens jetzt die Papiere aus dem »Weiterleiten«-Fach. Sie werden sehen, dass es Ihnen am nächsten Morgen viel leichter fällt, mit der Arbeit loszulegen – Sie starten viel motivierter.

MERKE: Arbeiten Sie häufig an mehreren Projekten gleichzeitig, können Sie sich für jedes einzelne ein Ablagefach oder einen Ordner in griffbereiter Nähe einrichten. So haben Sie immer schnell Zugriff auf die Unterlagen, egal, ob ein Kunde anruft oder Ihr Chef nach dem Stand der Dinge fragt. Der Vorgang wird erst dann abgelegt, wenn das Projekt beendet ist.

Die Schreibtischschubladen

Räumen Sie auch die Schubladen leer. Dort gehören die Dinge hin, die Sie häufig brauchen, die auf der Tischplatte aber nur stören würden, wie z. B. Kleber, Ersatzstifte, Stempel, Heftstreifen usw. Im Hängeregister sollten Sie die Mappen, auf die Sie oft zugreifen müssen, farblich sortieren, damit Sie jede schnell erkennen.

TIPP
Wenn Sie spezielle Lesetechniken erlernen, können Sie Ihre Lesegeschwindigkeit erheblich steigern.

Zeitschriften und Zeitungen

Werden in Ihrer Firma Zeitschriften gesammelt, sollte man für jeden Titel einen Stehsammler anlegen, beschriften und die einzelnen Exemplare in chronologischer Reihenfolge einordnen. Überprüfen Sie alle sechs oder zwölf Monate, welche Zeitschrift Ihnen noch von Nutzen ist. Kündigen Sie zwecklose Abonnements sofort. Schneiden Sie wichtige Artikel aus und ordnen Sie diese direkt dem Projekt zu. Dadurch haben Sie sie immer griffbereit und sparen Platz.

Die Ablage

Der Sinn Ihres Ablagesystems sollte darin liegen, bei Bedarf schnell auf die Vorgänge zugreifen zu können. Das erreichen Sie durch ein übersichtliches und nachvollziehbares Ordnungssystem. Es fängt ganz einfach damit an, dass Sie für alles die **passende Aufbewahrung** wählen:

- für *Zeitschriften* und *schwere Dokumente* Stehsammler,
- für *umfangreiche Projekte* Ordner mit Fächereinteilung,
- für die *zahlreichen kleineren Vorgänge* Hängeregister.

Beschriften Sie alles sorgsam, wählen Sie den Text nicht zu allgemein, das würde bald die Kapazität der Mappe/des Ordners sprengen – da wäre dann das Chaos wieder. Bestimmen Sie den Text aber auch nicht zu speziell, weil Sie dann zu viele Mappen/Ordner anlegen müssten, was die Übersichtlichkeit auch nicht fördert.

TIPP
Je einfacher Sie Ihre Ablage strukturieren, desto einfacher ist es, den Überblick zu bewahren.

Es ist sehr sinnvoll, die unterschiedlichen Fachgebiete mit **verschiedenen Farben** zu kennzeichnen. So könnten Sie z. B. den Bereich »Personal« in roten, den Bereich »Einkauf« in blauen und den Bereich »Pressearbeit« in grünen Mappen oder Ordnern aufbewahren und innerhalb dieser Bereiche alphabetisch sortieren.

Sie können aber auch unterschiedlichen Projekten verschiedene Farben zuordnen oder innerhalb eines Projekts die Arbeitsschritte unterschiedlich kennzeichnen (immer mit Beschriftung). So erkennen Sie bei jedem Projekt sofort die Mappe Kalkulation, Präsentation oder Vertrieb.

MERKE: In Ihrer Ablage sollten sich ausschließlich Vorgänge finden, auf die Sie regelmäßig oder gelegentlich zurückgreifen. Unterlagen, die Sie nur sehr selten oder gar nicht mehr benötigen, die aber aufbewahrt werden müssen, gehören ins Archiv.

Die Pflege der Ablage

Notieren Sie am besten in einer Datei, welche Mappen und Ordner Sie angelegt haben. Dieser Überblick hilft Ihnen ein Dokument abzulegen, von dem Sie nicht genau wissen, wohin es gehört. Andererseits schützt es Sie davor, Mappen und Ordner doppelt anzulegen.

Planen Sie sich regelmäßig etwas Zeit ein, um Ihre Ablage nach »Papierleichen« zu durchforsten. In welchem Turnus (am besten alle drei Monate) Sie diese meist ungeliebte Arbeit erledigen, hängt davon ab, wie viel Zeit Sie dafür aufwenden wollen. Je mehr Zeit Sie verstreichen lassen, desto länger werden Sie dafür brauchen.

MERKE: Seien Sie vorsichtig, wenn Sie eine Mappe oder einen Ordner »Sonstiges« anlegen. Dort hängt man gerne alle Unterlagen ab, die sich auf den ersten Blick nicht zuordnen lassen. Dieser Ordner neigt dazu, schnell zu »vermüllen«, überzuquellen und so zum Grab für viele Papiere zu werden, die Sie sowieso nie mehr in die Hand nehmen.

Fazit

- Planen Sie in Zeithorizonten (heute – in zwei Wochen – in drei Monaten), damit Sie Ihre Tätigkeiten überblicken.
- Erkennen Sie die Arbeitsabläufe und Abhängigkeiten.
- Planen Sie den nächsten Zeithorizont am Ende des aktuellen.
- Input ist nicht gleich Output – 20 Prozent Ihres Einsatzes bewirken 80 Prozent Ihres Ergebnisses.
- Setzen Sie Prioritäten mit dem Eisenhower-Schema und erkennen Sie, was wichtig und dringend ist.
  Aufgaben-Kategorie A: Wichtig und dringlich – muss heute erledigt werden.
  Aufgaben-Kategorie B: Wichtig, aber nicht dringlich – muss sorgfältig geplant werden.
  Aufgaben-Kategorie C: Dringlich, aber nicht wichtig – kann meistens delegiert werden.
  Aufgaben-Kategorie D: Weder wichtig noch dringlich – kann meistens im Papierkorb landen.
- Verplanen Sie maximal 60 Prozent Ihres Arbeitstages.
- Zeitplanung bedeutet, Ordnung in Ihren Arbeitstag zu bringen – fangen Sie mit Ihrem Schreibtisch an
- Ordnen Sie die Ablage nach praktischen Aspekten.
- Pflegen Sie Ihre Ablage, das spart eine Menge Zeit.

Besprechungen

Besprechungen finden regelmäßig statt, allerdings sind sie nicht immer so effektiv, wie es möglich gewesen wäre. Das liegt meist daran, dass sie schlecht geplant und unprofessionell geführt werden.

Richtig planen und durchführen

Lassen Sie uns die Planung und Durchführung einer Besprechung anhand eines »großen« Meetings verdeutlichen. Sie können die Punkte streichen, die für Sie nicht relevant sind. Die Punkte 2, 11, 12, 13, 15, 18 treffen auch für Sie zu, wenn Sie lediglich Teilnehmer der Besprechung sind.

Gehen Sie dabei wie folgt vor:

1. Legen Sie Thema und Ziel der Besprechung fest.
2. Legen Sie frühzeitig einen Termin fest. Sprechen Sie diesen mit den Teilnehmern ab. Bitten Sie um eine Bestätigung der Teilnahme mit der Angabe, wer eine Übernachtungsmöglichkeit braucht. Die Teilnehmer sollten auch Vorschläge für die Tagesordnung einreichen dürfen. Setzen Sie eine Frist für die Rückmeldungen.
3. Buchen Sie einen externen Tagungsraum oder reservieren Sie einen firmeneigenen Konferenzraum. Sorgen Sie dafür, dass Getränke und Snacks bereitgestellt werden.
4. Erstellen Sie die Tagesordnung. Diese orientiert sich auch an den Wünschen der Teilnehmer. Führen Sie bei den einzelnen Tagesordnungspunkten auch die Diskussionsdauer und das Ziel an.

5. Verschicken Sie die Tagesordnung und die notwendigen Unterlagen. Wichtig: Legen Sie Anreiseskizzen bei!
6. Buchen Sie die Hotelzimmer für auswärtige Teilnehmer.
7. Stellen Sie sicher, dass die notwendige Technik für die Besprechung bereitsteht.
8. Ausländische Teilnehmer brauchen gegebenenfalls Dolmetscher und die dafür notwendige Technik.
9. Arbeiten Sie ein Freizeitprogramm aus. Gerade auswärtige Teilnehmer nehmen dies meist gerne in Anspruch.
10. Tragen Sie Sorge, dass die Teilnehmer, die mit dem Flugzeug oder der Bahn anreisen, abgeholt werden. Reservieren Sie Parkplätze für alle, die mit dem Auto anreisen.
11. Bereiten Sie sich ausführlich auf das Thema vor. Versuchen Sie, das Projekt aus verschiedenen Sichtweisen zu betrachten. So können Sie die Fragen dieser Teilnehmer bei Ihrem Vortrag vorwegnehmen.
12. Arbeiten Sie Ihren Vortrag/Ihre Präsentation aus. Halten Sie ihn vorher schon einmal zur Probe vor Kollegen.
13. Überlegen Sie, welche Einwände es zu Ihrem Beitrag geben könnte, und bereiten Sie Antworten darauf vor.
14. Bestimmen Sie einen Protokollführer und einen Moderator (das können auch Sie sein).
15. Überprüfen Sie kurz vor dem Meeting noch einmal, ob das Equipment funktioniert.
16. Der Moderator muss abschließend das Ergebnis und die weiteren Schritte noch einmal zusammenfassen.
17. Die Ergebnisse sollten schriftlich festgehalten und allen Teilnehmern zeitnah zur Verfügung gestellt werden.
18. Analysieren Sie das Meeting und überlegen Sie, was positiv gelaufen ist und was in Zukunft noch verbessert werden kann.

Die Gestaltung Ihres Arbeitstages

Was erwarten Sie von Ihrem Arbeitstag? Sicherlich wollen Sie Ihr Arbeitspensum schaffen, Probleme lösen, einen oder mehrere Erfolge für sich verbuchen, wenig Hektik und Stress haben und mit den Ergebnissen zufrieden sein – ach ja, im besten Fall soll der Job auch noch Spaß machen. Mit der richtigen Planung lässt sich das meiste davon erreichen!

Den Tag einteilen – Tagesziele

TIPP
Setzen Sie sich realistische Tagesziele!

Planen Sie heute, was Sie morgen erledigen wollen, und setzen Sie sich realistische Ziele. Es bringt weder Ihnen, Ihren Kollegen noch Ihrer Familie etwas, wenn Sie sich zu viel vornehmen. Sie geraten nur unter enormen Druck und werden innerlich blockiert – Frust ist die Folge!

Aufgabe
Notieren Sie anhand des Eisenhower-Schemas, welche A-, B- und C-Tätigkeiten Sie morgen erledigen wollen. Versehen Sie jede mit einer zeitlichen Vorgabe. Die Tagesstatistik, die Sie auf Seite 16ff erstellt haben, gibt Ihnen wichtige Anhaltspunkte für die mögliche Dauer der einzelnen Tätigkeiten.
A-Aufgaben:..
B-Aufgaben:..
C-Aufgaben:..
Doch zu welcher Tageszeit planen Sie diese am besten ein? Wann erledigen Sie die wichtigen Telefonate, wann verfassen Sie den Marketingbericht, wann die neue Kalkulation?

MERKE: Haken Sie jede erledigte Aufgabe auf Ihrem Tagesplan ab, das motiviert. Lassen Sie sich aber nicht dazu verleiten, jedes Detail zu notieren, um viel abhaken zu können. Wer also eine Telefon-Aktion plant, notiert nur das auf seinem Plan, nicht aber die Namen der 50 Kunden.

Ihre persönliche Leistungskurve

Unsere Leistungs- und Konzentrationsfähigkeit ist nicht zu jeder Stunde des Tages gleich. Unser physisches und psychisches Leistungsvermögen schwankt. Die folgenden Faktoren spielen unter anderem eine Rolle dabei, welche Leistungen Sie an einem Tag zu welcher Zeit erbringen können:

- Biorhythmus,
- Essgewohnheiten,
- Konsum von Genussmitteln,
- Erlebnisse und Anstrengungen der letzten Zeit,
- Gesundheitszustand,
- Wetter.

TIPP
Die tägliche Leistungsfähigkeit hängt von vielen Faktoren ab.

Die meisten Menschen erleben ihr absolutes Leistungshoch am frühen Vormittag, nach dem Mittagessen ein gewaltiges Tief und am späten Nachmittag oder am frühen Abend nochmals einen Schub. Wie sieht das bei Ihnen aus?

Es gibt eine ganz einfache Möglichkeit herauszufinden, wann Sie besonders fit sind und zu welcher Tageszeit die Leistungsfähigkeit bei Ihnen abnimmt. Bei der Analyse des Ist-Zustands (Kapitel 1) haben Sie sich die Mühe gemacht, über zwei Wochen eine ausführliche Tagesstatistik zu erstellen. Die Mühe hat sich gelohnt! Daraus lässt sich ganz einfach Ihre persönliche Leistungskurve ableiten.

TIPP
Erstellen Sie Ihre persönliche Leistungskurve!

Aufgabe:
Zeichnen Sie ein Koordinatensystem mit zwei Achsen auf ein DIN-A4-Blatt. Die senkrechte y-Achse beschriften Sie mit den Zahlen von 6 bis 1 für die Leistungsnoten, an der waagerechten x-Achse bringen Sie eine halbstündliche Tageseinteilung an (z. B. von 7:00 Uhr bis 23:00 Uhr).

Nun übertragen Sie die Daten (1–6) des ersten Tages Ihrer Zwei-Wochen-Statistik in das Diagramm und verbinden die Punkte. Beschriften Sie die Linie mit dem Datum. Dann nehmen Sie sich den zweiten Tag vor und tragen diese Daten ebenfalls in das Diagramm ein (wenn Sie möchten mit einer anderen Farbe) – so geht es weiter. Schon bald werden Sie übereinstimmende Tageszeiten mit hoher und mit niedriger Leistungsfähigkeit erkennen. Daraus ergibt sich Ihre persönliche Leistungskurve.

Ihr Tagesplan nach Leistungskurve

TIPP
Planen Sie A-, B- und C-Tätigkeiten nach Ihrer persönlichen Leistungskurve!

Anhand Ihrer Leistungskurve sollten Sie dann künftig die A-, B- und C-Tätigkeiten in Ihrem Tagesplan verteilen.

- Nutzen Sie für die A-Aufgaben die Spannen, in denen Ihre Leistungsfähigkeit und Konzentration am höchsten sind, also Level 1 und 2 haben. Dann sind Sie besonders fit und widmen dem Vorgang höchste Aufmerksamkeit.
- B-Projekte sind für die Level 2 und 3 geeignet. Diese Phase liegt oft am Spätnachmittag oder frühen Abend.
- Für die C-Tätigkeiten reicht ein Leistungslevel von 4 oder 5, da Sie für diese Aufgaben nicht hochkonzentriert sein müssen – abarbeiten nach Schema F reicht hier aus.
- In der Leistungsphase 6 sollten Sie eine Pause einlegen, denn in dieser Zeit ist es sehr schwer, irgendetwas Sinnvolles zu Stande zu bringen. Nutzen Sie diese Zeit, um Ihre Batterien wieder aufzufüllen – sehen Sie eine Weile aus dem Fenster oder machen Sie etwas Bürogymnastik.

MERKE: Natürlich ist es nicht immer möglich, seinen Tagesablauf nur nach den individuellen Bedürfnissen einzuteilen. Sie müssen sich an feste Termine halten, die Ansprüche Ihrer Vorgesetzten und Kunden berücksichtigen, sich mit Kollegen abstimmen – und einen Haushalt nebst Partner oder Familie haben Sie sicher auch noch. Dennoch sollten Sie mit diesen Einschränkungen versuchen, die Tageszeiten optimal zu nutzen.

Verschiedene Arbeitszeitmodelle

Viele Arbeitgeber tragen den individuellen Möglichkeiten ihrer Angestellten Rechnung, indem sie **flexible Arbeitszeiten** eingerichtet haben. Die Mitarbeiter müssen dabei zu bestimmten Kernzeiten anwesend sein und dürfen sich die verbleibende Arbeitszeit frei einteilen. Insgesamt geht es nur darum, die Wochenarbeitszeit zu garantieren.

In vielen kreativen Branchen geht das sogar so weit, dass **die Mitarbeiter komplett selbst entscheiden dürfen, zu welchen Zeiten sie arbeiten.** Eine Kontrolle erfolgt über das Arbeitsergebnis, nicht über die Stunden der Anwesenheit.

Leider nutzen selbst die Mitarbeiter, denen sich eine solche Chance bietet, die Möglichkeiten kaum aus. Bedenken Sie stets: Wer die Möglichkeit hat, zu »gleiten« oder seine Arbeitszeit gar selbstverantwortlich zu bestimmen, sollte die damit verbundenen Chancen nutzen. Es geht weder darum, möglichst viele Überstunden anzuhäufen (um diese irgendwann einmal abfeiern zu können), noch darum, möglichst wenig Zeit im Büro zu verbringen. Es geht darum, seinen Arbeitstag optimal zu nutzen und so wertvolle Stunden für den Haushalt, die Familie und die Freizeit zu gewinnen.

Die **Telearbeit,** auch »Home-Office« genannt, bietet – von Meetings in der Firma und mit Kunden abgesehen – ebenfalls die Möglichkeit der freien Arbeitseinteilung. Tele-Arbeiter können Privatleben und Arbeit miteinander kombinieren und so selbst entscheiden, in welchem Zeitraum sie ihre Leistung für die Firma erbringen. Dabei ist aber ein hohes Maß an Disziplin erforderlich, schließlich steht kein Chef in der Tür und sieht, was Sie gerade bearbeiten. Dennoch müssen Sie Ihre Arbeit ebenso tadellos abliefern.

MERKE: Ihre Leistungs- und Konzentrationsfähigkeit kann an manchen Tagen von Ihrer Kurve abweichen. Lassen Sie sich davon nicht entmutigen, im Großen und Ganzen können Sie sich auf Ihr Diagramm verlassen.

Routinearbeiten

Sie gelten als das lästige Tagesgeschäft – die Routinearbeiten. Grundsätzlich sind sie Tätigkeiten der Kategorie C. Viele sehen sie nur als Störfaktoren, andere nutzen sie gerne, um sich abzulenken oder als Vorwand, die schwierigen Aufgaben hinauszuzögern. Egal, wie Ihre Einstellung zu den Routineaufgaben ist, Sie können sich ihnen nicht entziehen.

Die meisten dieser Aufgaben können Sie sicher an die Mitarbeiter des Sekretariats delegieren. Aber nicht jeder von uns hat Assistenten, die ihm diese lästigen Pflichten abnehmen – und wer als »selbstständiger Einzelkämpfer« arbeitet, muss sich um alles selbst kümmern. Die einzige Möglichkeit, die ein Freiberufler hat, sich von einigen dieser Aufgaben zu »befreien«, ist es, Aufträge extern zu vergeben. So kann er z. B. ein Reisebüro mit der Buchung seiner Geschäftsreise beauftragen oder einen Studenten mit Büro- und Recherchearbeiten. Das kostet zwar Geld, spart aber Zeit und Nerven!

Zu den Routineaufgaben gehören unter anderem:

- Posteingang bearbeiten,
- E-Mails lesen und bewerten,
- Telefonate führen,
- Auskünfte erteilen,
- an regelmäßigen Meetings teilnehmen,
- Ablage pflegen,
- Schreibtisch aufräumen,
- Recherchearbeiten,
- Hotel- und Flugreservierungen,
- Kaffee kochen,
- die Abstimmung mit Kollegen,
- Briefe kuvertieren und frankieren,
- zur Post fahren,
- Geburtstagsgrüße und Weihnachtskarten verschicken,
- für alle jederzeit erreichbar und ansprechbar zu sein.

Machen Sie das Beste daraus!

Kaum jemand von uns wird *alle* Routineaufgaben in andere Hände geben können. Selbstständigen fehlen dafür die finanziellen und Angestellten die personellen Möglichkeiten.

C-Tätigkeiten abzuspulen erfordert kaum Konzentration – man sollte sie also erledigen, wenn die persönliche Leistungskurve abfällt. Am sinnvollsten schließen Sie diese an eine Aufgabe an, die Sie stark beansprucht hat.

Bündeln Sie die Routine

TIPP

Nutzen Sie die Routineaufgaben, um Abstand von den schwierigen Aufgaben zu gewinnen oder sich darauf einzustimmen.

So lästig die C-Tätigkeiten manchmal sind, sie sind doch notwendig, um wichtige Prozesse in Gang zu bringen und uns die tägliche Arbeit zu erleichtern. Sie hassen es, die Ablage zu machen? Ohne eine ordentliche Ablage geht viel Zeit beim Suchen von Unterlagen verloren. Sie verabscheuen es, die tägliche Post zu sichten? Ohne Posteingang fehlen wichtige Unterlagen. Werden Sie nicht auch nervös, wenn zwei Tage lang einmal keine Post eingeht?

Wie bewältigen Sie also Ihre tägliche »Routine-Ration«?

- Fassen Sie Ihre Routineaufgaben am besten zu mehreren Blöcken zusammen, das erleichtert Ihnen die Arbeit ungemein. Dabei müssen Sie nicht immer Tätigkeiten gleicher Art zusammenfassen, Sie können auch unterschiedliche Aufgaben miteinander kombinieren. Während Sie z. B. den ellenlangen Tagungsbericht ausdrucken, können Sie Telefonate erledigen oder die Post bearbeiten.
- Schauen Sie zwei- bis dreimal täglich den E-Mail-Eingang durch und bewerten Sie die Mitteilungen sofort. Unwichtige werden gelöscht, dringende sofort erledigt und der Rest für diesen oder die kommenden Tage verplant.
- Kommt die Post um 11:00 Uhr, sollten Sie sich diese Zeit für die Durchsicht einplanen – sofern zu diesem Zeitpunkt keine A-Aufgaben zu erledigen sind. So können Sie auf wichtige und dringende Briefe sofort reagieren.
- Es ist sehr sinnvoll, Faxe schnell zu lesen und zu entscheiden, was damit passieren soll: Papierkorb, spätere oder sofortige Erledigung.

Erledigen Sie die Routine »automatisch«

Machen Sie es sich zur Gewohnheit, die Routineaufgaben ohne viel darüber nachzudenken zu erledigen. Dazu gehört viel Disziplin, doch halten Sie sich immer das Ziel vor Augen: Gehen Sie nicht genervt an das Aufräumen, sondern freuen Sie sich, dass danach Ihr Schreibtisch sauber ist. Grummeln Sie nicht über der Ablage – freuen Sie sich, dass Sie Dokumente und Vorgänge schnell zur Hand haben.

Solche Aufgaben sollten Ihnen so in Fleisch und Blut übergehen, dass sie wie von selbst laufen. Beim Autofahren denken Sie auch nicht darüber nach, wann Sie schalten, bremsen oder Gas geben müssen, Sie tun es einfach! Bringen Sie immer gerade die Portion Konzentration auf, die Sie für die Aufgabe brauchen.

TIPP
Denken Sie über Routineaufgaben nicht viel nach, sondern erledigen Sie sie einfach.

MERKE: Verplanen Sie maximal zehn Prozent Ihres Arbeitstags für C-Tätigkeiten (das sind bei einem Acht-Stunden-Tag 0,8 Stunden), sonst fehlt Ihnen diese Zeit bei kreativen Tätigkeiten. Versuchen Sie Routineaufgaben zu delegieren, um Freiraum zu bekommen.

Was tun mit Störfaktoren?

Störungen unterbrechen Ihren Arbeitsfluss, den Sie besonders für die A-Aufgaben brauchen. Wer kann sich schon auf neue Projektideen besinnen, wenn ständig das Telefon klingelt, die Kollegen auf einen Schwatz hereinschneien oder der Chef dauernd nach irgendwelchen Akten kräht?

Legen Sie also die Routineaufgaben in die Phasen, in welchen Sie am meisten gestört werden. Hier sei anzumerken, dass je nach Branche unterschiedliche Arbeitszeiten herrschen. So fängt der Tag bei einer Werbeagentur sehr viel später an als in einer Spedition, dies sollten Sie stets bedenken. Anhand Ihrer Arbeitsstatistik können Sie ermitteln, wo in Ihrem Tagesablauf die »Störstunden« sind.

TIPP
Wird man in einer C-Aufgabe unterbrochen, findet man sehr schnell wieder hinein. Bei A- und B-Aufgaben dauert das erheblich länger.

Sperrzeiten

Sperrzeiten sind die Stunden, in denen man jegliche Störung verhindert, um konzentriert an seinen Projekten arbeiten zu können. Das hört sich einfach an, ist in der Praxis aber nicht immer einfach umzusetzen. Jeder, der in einem »den Teamgeist fördernden« Großraumbüro arbeitet, weiß ein Lied davon zu singen. Vielleicht ist es Ihnen dann möglich, sich hin und wieder in einen Besprechungsraum zurückzuziehen, in dem Sie wirklich konzentriert sein können. Warum aber sind Sperrzeiten so wichtig?

Ständige Erreichbarkeit ist kontraproduktiv

Ständige Erreichbarkeit wird in vielen Unternehmen groß geschrieben, von einigen sogar als Firmenphilosophie gelebt. Großraumbüros, Glaskästen, offene Türen, Handy und Pager werden den Mitarbeitern verordnet – wer es wagt, die Tür zu schließen, macht sich verdächtig.

Doch wie wollen Sie sich ruhig und voll konzentriert Ihrem neuen Projekt widmen, wenn ständig Kollegen den Kopf in die Tür stecken, um schnell was zu fragen, einen Vorgang unterschreiben zu lassen oder einen Kaffee zu trinken und ein wenig zu plauschen? Wie sollen Sie an einer komplizierten Kalkulation arbeiten oder eine Strategie ausarbeiten, wenn ständig das Telefon klingelt und der Computer piept, um Ihnen eine neue E-Mail mitzuteilen?

Ich bin nicht da!

Immer mehr Führungskräfte und Kreative erkennen, dass niemand zu befriedigenden Arbeitsergebnissen gelangt, wenn er pausenlos gestört oder unterbrochen wird. Letztendlich reagieren die Mitarbeiter dann nur gereizt und zunehmend frustriert.

Verschaffen Sie sich also Ihre Sperrzeiten wie folgt:

- Schalten Sie das Handy bzw. den Pager öfter einmal aus.
- Schließen Sie Ihre Bürotür (ab).
- Schalten Sie die Anrufweiterschaltung oder Mailbox ein.
- Erklären Sie den Kollegen vorab, dass Sie nicht erreichbar sind und auf keinen Fall gestört werden wollen.

Sie überlegen sich gerade, wie Ihr Chef reagiert, wenn Sie solche Maßnahmen ergreifen? Sie haben doch gute Argumente für Ihr Tun! Natürlich müssen Sie diese Sperrzeiten geschickt zu jeweils passenden Terminen einplanen. Vorgesetzte, Kollegen und Mitarbeiter müssen wissen, dass solche Phasen allen nutzen, weil gut geplante und umgesetzte Projekte der ganzen Firma zugute kommen.

Aufgeschlossene Chefs werden Ihre Initiative begrüßen, bei den anderen müssen Sie eventuell noch ein wenig Überzeugungsarbeit leisten. Nicht immer werden Sie damit auf Begeisterung stoßen, manchmal gar auf Unverständnis. Versuchen Sie dann, ein Umdenken anzustoßen und so auch die anderen von dieser Erkenntnis zu überzeugen.

TIPP

Leisten Sie Überzeugungsarbeit!

Über Sperrzeiten informieren

Damit Sie sich während der Sperrzeiten ganz auf Ihre Tätigkeit konzentrieren können, ist es wichtig, Ihre Vorgesetzten, Kollegen und Mitarbeiter darüber zu informieren. Bringen Sie ein Schild mit der Aufschrift »Bin nicht da«, »Sperrzeit«, »Bin um 12:00 Uhr wieder erreichbar« an Ihrer Bürotüre an und schalten Sie den Anrufbeantworter an. Wenn Sie einen Assistenten oder ein Sekretariat zur Verfügung haben, teilen Sie diesen mit, dass Sie nicht gestört werden wollen. Lassen Sie Anrufe und unangemeldete Besucher abblocken.

TIPP

Wer Alternativen anbietet, nimmt der Sperrzeit ihren unhöflichen Touch.

Wenn Sie Alternativen anbieten, nehmen Sie der Sperrzeit viel von ihrer »Härte«. Bitten Sie Ihren Assistenten, die Anrufe zu notieren und Rückrufe zu vereinbaren sowie unangemeldeten Besuchern einen Termin anzubieten. Das setzt natürlich voraus, dass er über Ihre Sperrzeiten grundsätzlich informiert ist oder Sie ihm Zeiten nennen, in welche er diese Termine eintragen kann.

Haben Sie kein Sekretariat zur Verfügung, sollten Sie Anrufer über Ihre Mailbox bitten, ihre Telefonnummer zu hinterlassen, damit Sie zurückrufen können.

Ihre Zwei-Wochen-Statistik hat Ihnen einen guten Überblick gegeben, wann Sie am häufigsten und wann Sie kaum durch Telefonanrufe, Anfragen von Kollegen oder Ähnliches gestört werden. Für die Sperrzeiten sollten Sie in Übereinstimmung mit Ihrer Leistungskurve die Zeiten nutzen, in welchen Sie ohnehin meist für sich sind. Das minimiert die Rückrufe und auch Ihr schlechtes Gewissen Anrufern und unangemeldeten Besuchern gegenüber.

MERKE: Die Sperrzeiten, in denen Sie sich voll konzentrieren können, sollten Sie für die wichtigen Tätigkeiten der Kategorien A und B verwenden. Alles andere ist verschenkte Zeit. Es empfiehlt sich, die Zeiten zu den Höhepunkten Ihrer persönlichen Leistungskurve einzuplanen, wenn Sie erwartungsgemäß am konzentriertesten sind.

Reservezeiten

Zeitplanung ist ein gutes Instrument, um den Tagesablauf zu koordinieren, damit man sich den wirklich wichtigen Aufgaben ausgiebig und konzentriert widmen kann. Doch nehmen Sie sich nun nicht zu viel vor! Stopfen Sie Ihren Tagesplan nicht voll mit der Absicht, auch wirklich keine Minute zu verschenken. Denn es kommt oft anders, als man denkt ...

Unvorhergesehenes passiert

Jeder Tag ist planbar. Leider birgt fast jeder Tag Überraschungen, die Ihre Planung über den Haufen werfen:

- Das kann der Absturz des Computers sein. Dadurch gehen Daten verloren, die Sie neu eingeben müssen.
- Das kann die Erkrankung eines Kollegen sein, dessen A-Aufgaben heute noch erledigt werden müssen.
- Das kann der Kunde sein, der seine bestellten Waren früher als angegeben braucht.
- Das kann eine Preiserhöhung des Materials sein, die eine neue Kalkulation erforderlich macht.
- Das können eine Zugverspätung oder ein Stau sein, die Sie zu spät zum Meeting erscheinen lassen.
- Das können Kopfschmerzen sein, die Sie behindern.
- Das können unvorhergesehene ständige Störungen sein.

Es gibt viele Gründe, die Ihren Tagesplan aus den Fugen bringen. Rechnen Sie damit!

TIPP
Bereiten Sie sich bei Reisen immer auf Wartezeiten vor. Beschäftigen Sie sich dann mit anderen Projekten (Laptop dabei?), erledigen Sie Anrufe (Handy dabei?) oder lesen Sie Fachzeitschriften (Lektüre dabei?).

Es dauert länger als erwartet

Sie schätzen stets im Voraus, wie lange Sie brauchen, um einen Vorgang durchzuarbeiten. Doch Schätzungen sind selten genau – man muss schon viel Erfahrung haben, um öfter richtig als falsch zu liegen. Woran liegt es nur, dass wir meist länger als erwartet, selten aber kürzer mit einer Arbeit zugange sind?

- Ihre Konzentrationsfähigkeit und Ihr aktuelles Befinden beeinflussen Ihre Arbeit ganz erheblich. Wenn Sie sich vorher geärgert haben, widmen Sie dem Vorgang nicht die nötige und erwünschte Aufmerksamkeit.
- Vielleicht stellt sich auch heraus, dass Sie nicht alle notwendigen Informationen zur Verfügung haben und weiter recherchieren müssen (das heißt: zurück zu C!).
- Die Aufgabe ist einfach umfangreicher als gedacht.
- Der beste aller Gründe ist, dass Sie eine kreative Phase haben, in der die Arbeit wie von selbst läuft. Dann wäre es falsch, abzubrechen, weil Sie im Soll liegen und erst morgen weitermachen müssten. In einem solchen Fall sind Zeitüberschreitungen ausnahmsweise erlaubt.

Planen Sie Zeitpuffer ein

Um sich nicht unnötig unter Zeitdruck zu setzen, sollten Sie Reservezeiten von vorneherein in Ihren Tagesplan aufnehmen. Das beginnt schon mit der Fahrt zur Arbeit. Kalkulieren Sie diese nicht messerscharf, sondern rechnen Sie mit schlechtem Wetter, Staus oder Zugverspätungen, die eine längere Fahrtzeit verursachen. Wer Wegezeiten immer knapp berechnet, kommt häufig zu spät und stresst sich grundlos. Vielleicht gibt es wegen Ihrer Unpünktlichkeit sogar Ärger mit dem Chef. Das muss nicht sein! Wer großzügig plant, vermeidet solchen Ärger!

Wahrscheinlich planen Sie bei besonders wichtigen Gelegenheiten, wie z. B. einem Vorstellungsgespräch, grundsätzlich Zeitpuffer ein. Warum nur dann? Es gibt viele wichtige Bereiche in Ihrem Arbeitsalltag, die voneinander abhängen. Jede Zeitverschiebung wirkt sich dann auf die nächsten Tätigkeiten aus.

Wenn Sie die Vorbereitung des Meetings zu eng planen, kommen Sie zu spät und schlecht vorbereitet in die Runde. Dann hinterlassen Sie einen schlechten Eindruck bei Kollegen und Vorgesetzten, sind schlecht gelaunt, bekommen das erhoffte Marketingprojekt nicht und damit ist die Beförderung auch dahin ... Durch geschickte Planung können Sie solche Situationen zumindest entschärfen.

TIPP

Nutzen Sie gewonnene Zeit positiv – gehen Sie ruhig auch mal früher nach Hause!

So planen Sie geschickt:

- Sie müssen nicht für das Kaffeekochen oder die Pflege der Ablage Zeitreserven einplanen.
- Planen Sie Zeitpuffer direkt im Anschluss an A- und B-Aufgaben ein
- Machen Sie zwischen A- und B-Aufgaben etwas Platz.
- Werden Sie mit der Aufgabe früher als erwartet fertig, nehmen Sie sich Routineaufgaben zur Hand, damit die gewonnene Zeit nicht ungenutzt bleibt.
- Haben Sie eine flexible Arbeitszeit, spricht nichts dagegen, nach dem guten und schnellen Abschluss eines Vorgangs einige Routineaufgaben vorzuziehen, um früher nach Hause zu gehen. Man darf und soll sich auch gelegentlich belohnen.

Freizeit

In diesem Buch haben wir bisher hauptsächlich die Zeitplanung für Ihren Arbeitstag erläutert, doch Sie können und sollten dieselben Instrumente und Möglichkeiten auch für Ihre Freizeit anwenden.

Was bringt mir Freizeit?

Der Nutzen der Freizeit lässt sich nicht in Euro ausdrücken, sondern hängt ganz von Ihren persönlichen Wünschen und den Bedürfnissen Ihrer Familie ab. Welchen Nutzen Ihre Freizeit für Sie haben soll, entscheiden ganz alleine Sie!

In der Freizeit können Sie

- Zeit mit Ihrer Familie, Partner, Kindern verbringen,
- ins Museum, Theater oder Kino gehen,
- Wanderungen unternehmen,
- sich bei einem kreativen Hobby verwirklichen,
- Bücher lesen,
- Sport treiben,
- soziale Kontakte pflegen,
- einfach die Füße hochlegen und relaxen.

Der Workaholic

Gerade in Führungspositionen oder unter den Selbstständigen finden sich viele Workaholics. Diesen Menschen fällt es sehr schwer, Abstand von ihrem Job zu gewinnen – im Grunde leben sie nur für ihre Arbeit. Das mag vielleicht sogar einige Jahre lang super laufen. Doch wer ständig 100 Prozent seiner Energie in den Beruf steckt, vernachlässigt viele wichtige Dinge – manche Versäumnisse lassen sich später kaum oder gar nicht mehr nachholen. Familie, Freunde, Selbstverwirklichung, Fitness, Gesundheit – das sind nur einige der Dinge, die dem »Arbeitstier« fehlen. An der folgenden Checkliste erkennen Sie, ob auch Sie zu den gefährdeten Personen gehören:

- Wie viele Workaholics müssen zur Kenntnis nehmen, dass sie sich von ihrem Lebens- oder Ehepartner entfremdet haben? Geht es Ihnen ähnlich?
- Wie viele Workaholics betrachten ihre Kinder und erkennen plötzlich, was sie alles verpasst haben? Kennen Sie dieses Gefühl?
- Wie viele Workaholics haben mit Anfang 40 ihren ersten Herzinfarkt und schwören sich dann, kürzer zu treten? Warnt Ihr Arzt Sie vor einer ähnlichen Entwicklung?
- Wie viele Workaholics stellen plötzlich fest, dass sie keine Freunde haben? Wie steht es um Ihren Freundeskreis?
- Wie viele Workaholics wissen nicht, wann sie zuletzt ein schönes Buch gelesen haben, im Theater oder im Kino waren? Was antworten Sie auf eine solche Frage?
- Wie viele Workaholics es gibt, die zu diesen Erkenntnissen gelangen, sei dahingestellt, doch sollten Sie sich davor hüten, selbst so zu werden. Sie sollten einfach darauf achten, dass Sie sich genügend Zeit für sich (und Ihre Familie nebst Freunden) nehmen.

MERKE: Freizeit ist Sperrzeit! Ihre Freizeit gehört Ihnen und nicht der Firma. Je mehr Abstand Sie von Ihrem Job gewinnen, desto wertvoller sind Sie für das Unternehmen – dann können Sie sich frisch den Projekten widmen.

TIPP
Freizeit nach Terminkalender? Warum denn nicht!

Freizeit ist planbar!

Ihre Freizeit sollten Sie wie Ihren Arbeitstag planen. Tragen Sie Termine ein, reservieren Sie sich Sperrzeiten und klären Sie, ob Sie alle Wünsche und Ansprüche, die Sie haben, erfüllen müssen. Wenden Sie auch dabei das Eisenhower-Schema an – und setzen Sie Prioritäten. Natürlich dürfen Sie nicht nur an sich denken, Sie müssen sich auch mit Ihrer Familie abstimmen und Ihre Freundschaften pflegen. Ihre Freizeit zu planen heißt nicht, dass Sie sie verplanen. Sie sollen lediglich Wichtiges von Unwichtigem unterscheiden.

Was ist Freizeit also?

Freizeit sind die Stunden, Tage und Wochen, die nicht aus Arbeit bestehen, sondern ganz Ihnen und Ihrer Familie gehören. Das sind konkret

- die Mittagspause,
- der Feierabend,
- die Wochenenden,
- die Feiertage,
- der Urlaub.

Holen Sie das Beste aus Ihrer Freizeit. Nutzen Sie sie, um Ihre Energiespeicher zu füllen. Finden Sie ein gutes Mittelmaß, um folgende Bedürfnisse zu befriedigen:

- familiäre Wünsche,
- soziale Verpflichtungen,
- persönliche Interessen,
- Selbstverwirklichung.

Die Mittagspause

Arbeiten Sie in Ihrer Mittagspause nicht. Gehen Sie nach dem Essen möglichst an der frischen Luft spazieren, um Sauerstoff zu tanken, Ihre »kleinen grauen Zellen« wieder aufzuwecken und den Kreislauf auf Trab zu bringen:

- Machen Sie einen Bummel durch die Stadt.
- Gehen Sie mit Kollegen spazieren. Reden Sie nicht über den Job, sondern über amüsante Dinge, lachen Sie viel.
- Ist Ihre Pause lange genug, können Sie auch Sport treiben. Joggen Sie, gehen Sie ins Fitness-Studio, spielen Sie eine Runde Fußball oder Volleyball mit Kollegen oder machen Sie Gymnastik. Damit tun Sie etwas für Ihren Geist und Ihren Körper. Viele große Unternehmen haben den Nutzen von sportlicher Betätigung erkannt. Sie haben sogar eigene Fitnessräume eingerichtet oder Trainer engagiert, die zur Mittagszeit in die Firma kommen und Kurse anbieten. Vielleicht gibt es in Ihrem Unternehmen Betriebssportgruppen und Betriebsvereine?
- Entspannen Sie sich! Massage, Autogenes Training, Meditation, ein Kurzschläfchen oder eine Lichttherapie lassen Sie für eine halbe Stunde den Arbeitsstress vergessen. Gerade in Großstädten ist das Angebot zur Mittagszeit groß. Wenn Sie keine solche Möglichkeit haben, lassen sich die Techniken auch leicht selbst lernen und anwenden.

Der Feierabend

Es lässt sich nicht immer vermeiden, Arbeit mit nach Hause zu nehmen. Trotzdem sollten Sie feste Familien- und Freundeszeiten als A-Kategorie einplanen und einhalten.

- Verschaffen Sie sich zwischen Feierabend und Schlafengehen Abwechslung und Ablenkung, damit Sie Abstand bekommen. Sonst lässt der Stress Sie nicht einschlafen.
- Verbringen Sie Zeit mit Partner und Kindern.
- Treffen Sie sich regelmäßig mit Freunden und Bekannten, sei es in der Kneipe oder zum Sport.
- Treiben Sie nach Dienstschluss Sport – gehen Sie joggen, schwimmen, ins Fitness-Studio oder fahren Sie Rad.
- Stellen Sie Ihren Schreibtisch nicht ins Schlafzimmer.

- Bewahren Sie im Schlafzimmer keine Geschäftsunterlagen auf. Allein der Anblick wird Sie wach halten.
- Unternehmen Sie mindestens einmal in der Woche etwas, das Ihnen besonderen Spaß macht. Gehen Sie ins Kino, Theater, Kabarett oder einfach zum Essen.

Der Urlaub

Heiß ersehnt und dann doch viel zu kurz – so lassen sich die freien Wochen des Jahres wohl am besten beschreiben. Ein Erholungswert tritt erst nach drei Wochen ein. Vorher sind Sie in der Umstellungsphase, der Eingewöhnungszeit und in der Phase, etwas Abstand vom Job zu gewinnen. Darum sollten Sie einen dreiwöchigen Urlaub pro Jahr einplanen.

Viele Menschen neigen dazu, Ihren Jahresurlaub mit Dutzenden von Programmpunkten zu füllen. Meistens kommen sie nach Hause und fühlen sich urlaubsreif, weil alles so anstrengend war. Aber sie versichern stolz, dass ihr Urlaub im positiven Sinne anstrengend war.

Doch was wollen Sie vom Urlaub? An erster Stelle steht sicherlich Erholung! Dann sollten Sie das auch umsetzen und sich nicht drei Wochen bis auf die letzte Minute verplanen.

- Sie müssen nicht jede Kirche oder jeden Tempel im Umkreis von 100 Kilometern anschauen und keine extremen Trekking- oder Raftingtouren unternehmen. Lassen Sie es ruhig angehen. Schließlich wollen und müssen Sie sich erholen und nicht überanstrengen.
- Planen Sie auch die Wochen vor dem Urlaub gut. Die meisten wollen dann noch schnell den Schreibtisch leer bekommen und alle Projekte beenden. An sich ist das sinnvoll, doch verausgaben Sie sich dabei nicht.
- Nehmen Sie keine Arbeit mit in den Urlaub.
- Bitten Sie Ihre Kollegen, Sie nur im Notfall anzurufen.
- Delegieren Sie so viele Aufgaben wie möglich. Ansonsten bleibt alles liegen, bis Sie zurückkommen, und auf Ihrem Schreibtisch türmen sich die Papierberge.
- Lassen Sie sich nach der Rückkehr nicht von der Betriebsamkeit und Hektik anstecken.

Kreativzeit

Kreativzeit ist die wertvollste Zeit, die Sie haben. Man könnte sie auch Zukunftszeit nennen. Sie bietet Ihnen die Möglichkeit, zukunftsträchtige Ideen zu entwickeln und Projekte zu planen, die für die Firma und Sie selbst wichtig sind.

Wichtige Projekte

Kreativzeit ist Sperrzeit. Pochen Sie darauf, dass Sie oder das Kreativteam dann nicht gestört werden. Die Aufgaben oder Ziele der Kreativzeit fallen meistens in die Kategorie B, manchmal auch in die A-Kategorie (nämlich in den kreativen Berufen Werbung, Grafik, Design, Verlage etc.).

So kommt es in der Werbebranche nicht selten vor, dass eine Präsentationsidee innerhalb kurzer Zeit erarbeitet werden muss – dadurch wird sie wichtig und dringend.

Kreativzeit sollten Sie zu den Hochphasen Ihrer persönlichen Leistungskurve einplanen.

TIPP
Warum müssen Sie zur Ideenfindung immer im Büro sitzen? Machen Sie doch mal einen Spaziergang durch den Park, wenn Sie nachdenken müssen. Das macht den Kopf frei.

Neue Ideen entwickeln

Kreativzeit sollten Sie regelmäßig einplanen, z. B. um Arbeitsabläufe zu überdenken und gegebenenfalls umzustrukturieren und zu optimieren.

Abläufe gehen oft in eingefahrenen Schienen voran und niemand kommt auf die Idee, sie in Frage zu stellen. Kommt Ihnen der Spruch »Das war schon immer so« bekannt vor? Nur weil man etwas immer schon nach einem festen Schema erledigt hat, heißt das nicht, dass es schon immer optimal war. Die Kreativzeit bietet Ihnen die Möglichkeit, eine Sache aus neuen Perspektiven zu betrachten und neu zu organisieren.

Selbstentlastung

Wenn Sie sich energiegeladen Ihrem Job widmen wollen und die wichtigen Aufgaben bestmöglich abschließen möchten, dürfen Sie sich nicht überfordern. Es gibt einige Maßnahmen, die Sie davor schützen.

TIPP
Wenn Sie anderen Fristen setzen, sollten Sie den Abgabetermin so früh ansetzen, dass Sie selbst bei verspäteter Abgabe oder Rückmeldung nicht in Zeitnot mit der weiteren Bearbeitung geraten.

Setzen Sie realistische Fristen

Die wichtigen und dringenden Aufgaben sind immer frist- oder termingebunden. Leider kollidieren die Fristen häufig miteinander. Wenn Sie geschickt planen, können Sie die meisten Deadlines aufeinander abstimmen:

- Versuchen Sie von vorneherein, zu knappe Fristen zu verlängern oder wenigstens eine Toleranzzeit auszuhandeln. Dann können Sie probieren, den Termin einzuhalten, haben aber noch Spielraum, wenn es nicht klappt.
- Merken Sie während der Arbeit an einem Projekt, dass Sie die Frist nicht einhalten können, sollten Sie möglichst früh um eine Verlängerung bitten. So haben die anderen Beteiligten die Möglichkeit, ihre Termine anzupassen.
- Bekennen Sie erst einen Tag vor Abgabeschluss, dass die Zeit nicht ausreicht, oder geben Sie gar zu spät ab, gelten Sie schnell als unzuverlässig. Es ist sehr schwer, einen solchen Ruf wieder abzuschütteln, und viel mühsamer, als frühzeitig zuzugeben, dass Sie länger brauchen.

Wie Sie sich selbst entlasten

Um sich selbst zu entlasten, sollten Sie die folgende Checkliste beachten.

Checkliste zur Selbstentlastung:

- Betrachten Sie Ihre Tätigkeiten genau und prüfen Sie, welche sich zu Blöcken bündeln lassen. Das müssen nicht immer Aufgaben gleicher Art, es können auch unterschiedliche sein, deren Kombination sinnvoll ist.
- Oft sind es schon die kleinen Dinge, die großen Nutzen bringen: Führen Sie mehrere Telefonate hintereinander, schicken Sie mehrere Faxe auf einmal raus und planen Sie eine Wegstrecke so, dass Sie möglichst viel in kurzer Zeit erledigen können, ohne die Wege doppelt zu fahren.
- Geben Sie Aufgaben ab, die Sie nicht selbst erledigen müssen und die andere für Sie übernehmen können. Hüten Sie sich davor, alles selbst zu erledigen – vertrauen Sie Ihren Mitarbeitern. Sie steigern so ihr Verantwortungsbewusstsein und ihre Motivation. Bei komplizierten Aufgaben sollten Sie sich an die Spezialisten wenden und ihnen Teilprojekte anvertrauen.
- Versuchen Sie über einen mittelfristigen Zeitraum, Ihre Tagespläne möglichst abwechslungsreich zu gestalten. Wenn Sie über eine oder zwei Wochen immer das Gleiche tun, wird Ihnen langweilig und Sie verlieren den Spaß an der Arbeit. Sorgen Sie auch in Ihrer Freizeit für viel Abwechslung.
- Gönnen Sie sich nach Abschluss einer größeren Aufgabe oder eines Projekts eine Belohnung. Gehen Sie ins Theater, führen Sie Ihren Partner zum Essen aus, besuchen Sie ein Fußballspiel oder organisieren Sie eine Party im Freundeskreis. Sie finden sicher etwas, das Ihnen gefällt! Verbinden Sie das Ende eines Projekts mit einer Belohnung, arbeiten Sie motivierter und dynamischer. Regelmäßige Belohnungen fördern also auch Ihre Kreativität!

Das Schwierigste am Anfang

Komplexe Projekte verleiten uns dazu, sie aufzuschieben. Wir hoffen auf den Moment, in dem die Lösung wie von selbst vor unserem geistigen Auge aufleuchtet. Leider sind diese Geistesblitze recht selten – so bleibt nur die klassische Ochsentour. Doch einfacher wird der Job dadurch nicht!

TIPP
Warten auf den Geistesblitz hilft Ihnen nicht weiter!

Aufschieben bedeutet erschweren

Je länger Sie eine schwierige Aufgabe vor sich herschieben, desto schwerer wird es Ihnen fallen, wirklich anzufangen. In der Zwischenzeit fällt es Ihnen schwer, sich auf andere Tätigkeiten zu konzentrieren, weil Sie ständig das Damoklesschwert über sich sehen. Hinzu kommt, dass Ihnen die Zeit davonläuft, was Sie zusätzlich unter Druck setzt.

Es gibt ein Patentrezept gegen das Trödeln: Fangen Sie einfach an! Das mag banal klingen, doch damit erreichen Sie erstaunliche Ergebnisse. Die ersten 15 oder 30 Minuten sind noch mühsam, aber schon bald werden Sie konzentriert arbeiten – alles wird Ihnen leicht von der Hand gehen.

Der Anfang ist immer das Schwierigste. Manchmal fällt Ihnen gar nichts ein und es dauert etliche Stunden, bis der erste Satz des Entwurfs, der Rede, des Rechenschaftsberichts, der Präsentation oder eines anderen Textes zu Papier gebracht ist. Stehen auf der leeren Seite aber die ersten Wörter, ergibt sich alles Weitere fast von selbst.

TIPP
Überwinden Sie den inneren Schweinehund!

Wie fange ich nur an?

Bevor Sie mit einer schwierigen Aufgabe beginnen, ist es sinnvoll, sie zu strukturieren.

- Teilen Sie das Projekt in mehrere Schritte ein. So wirkt es weniger bedrohlich: Sie haben mehrere kleine Ziele statt ein großes, das macht die Sache einfacher.

- Konzentrieren Sie sich immer nur auf den nächsten Schritt und freuen Sie sich, wenn Sie ihn getan haben.
- Wenn Sie die Arbeit in Einzelschritte zerlegen, verdeutlichen Sie sich erneut die Inhalte, werden mit den Aufgabenstellungen vertrauter, kommen dem Thema näher, finden leichter hinein und haben mehr Spaß daran.

MERKE: Während Sie mit einer Routinearbeit beschäftigt sind oder mit Kollegen reden, haben Sie sicher manchmal spontan Ideen zu anderen Projekten. Tragen Sie immer einen Notizblock und einen Stift bei sich, um diese Eingebungen sofort zu notieren. Denn meistens vergessen wir solche Geistesblitze schnell wieder.

TIPP
Bearbeiten Sie komplexe Aufgaben in der Sperrzeit. Schirmen Sie sich von der Außenwelt ab und konzentrieren Sie sich nur auf diese eine Aufgabe.

Entscheidungen nicht aufschieben

Sie müssen jeden Tag Entscheidungen treffen. Mal mehr, mal weniger, bedeutende und unbedeutende. Eines haben alle diese Entscheidungen gemeinsam: Sie selbst müssen sie treffen! Offene Entscheidungen sind wie schwierige Aufgaben, wir schieben sie gerne vor uns her. Das belastet uns. Sicher stehen auch Sie gerade vor einigen Entscheidungen:

- Sollen Sie sich auf die frei werdende Stelle bewerben?
- Sollen Sie jetzt eine Gehaltserhöhung fordern?
- Sollen Sie eine größere Wohnung suchen?
- Sollen Sie sich sofort für die Diplomarbeit anmelden?
- Sollen Sie sich selbstständig machen?
- Sollen Sie dem Kollegen sagen, dass er mit seinem ständigen Lamentieren nervt?
- Sollen Sie die tolle, aber teure Couch kaufen?

Jede dieser Fragen muss entschieden werden – einige beantworten sich nach einer Kosten-Nutzen-Analyse von selbst oder eine Frist gibt Ihnen vor, wann Sie antworten müssen. Bei anderen Entscheidungen geht es nicht um Gewinn und Kosten, da spielen persönliche und soziale Bedürfnisse, Wünsche und Befindlichkeiten eine Rolle. Diese sind dann sehr schwer zu fällen. Schwierig wird die Entscheidung auch, wenn ein großes Risiko damit verbunden ist, für das Sie die Verantwortung tragen.

Über Fakten informieren

Schieben Sie diese Entscheidungen nicht unnötig hinaus, damit belasten Sie sich nur. Gehen Sie die Sache lieber an, tragen Sie alle wichtigen Fakten und Informationen zusammen, hören Sie auch die Meinung anderer, machen Sie sich dann Ihr eigenes Bild und treffen Sie die Entscheidung!

Eine Positiv- und Negativtabelle hilft Ihnen auf jeden Fall, die richtige Entscheidung zu treffen. Auf der Positivseite tragen Sie alles, aber auch wirklich alles ein, was nach Ihrem derzeitigen Kenntnisstand dafür, auf der Negativseite alles, was dagegen spricht. Anschließend betrachten Sie die Tabelle und wägen ab. Nun dürfen Sie nicht aber einfach nach der Anzahl der Argumente auf jeder Seite eine Beurteilung vornehmen. Es kommt nicht auf die Quantität, sondern die Qualität der Aussagen an. Die Liste soll Ihnen die Vor- und Nachteile schwarz auf weiß vor Augen führen.

TIPP

Eine Entscheidung zu treffen fällt in die Kreativzeit. Sie müssen in Ruhe abwägen und vielleicht auch Alternativen finden, lassen Sie sich also nicht stören!

Kontrolle

Die schönste Planung ist wertlos, wenn Sie die Ergebnisse nicht kontrollieren. Nehmen Sie sich am Ende des Arbeitstages etwa 20 Minuten Sperrzeit, in der Sie den Tag bewerten und den Plan für den kommenden erstellen.

Positives feststellen

Prüfen Sie zuerst, ob Sie den Tag positiv begonnen und abgeschlossen haben. Starten und beschließen Sie den Tag z. B. indem Sie joggen, mit dem Hund spazieren gehen oder eine Entspannungsübung machen. So stimmen Sie sich morgens gut ein und gewinnen abends wiederum Abstand. Überlegen Sie, was gut gelaufen ist und für welche Erfolge Sie sich belohnen können. Versuchen Sie, täglich mindestens ein positives Erlebnis zu verbuchen.

Planen Sie Verbesserungen ein

Überlegen Sie, was hätte besser laufen können und was Sie dafür tun können. Nehmen Sie sich vor, daran zu arbeiten. Stellen Sie z. B. fest, dass Ihre Computerkenntnisse lückenhaft sind und Ihren Arbeitsfluss behindern, sollten Sie sich vornehmen, einen Computerkurs zu besuchen. Auch Rhetorik-, Textverarbeitungs-, Sprachkurse machen Ihnen den Arbeitsalltag leichter. Sie dürfen es aber nicht nur bei der Absicht belassen. Tragen Sie sich in einen der nächsten Tagespläne ein, Kursangebote einzuholen, das passende Seminar auszuwählen und sich auch anzumelden!

Hat die schlechte Kommunikation mit den Kollegen zu Verzögerungen oder Problemen geführt, verbessern Sie sie. Beseitigen Sie alle Hindernisse, die Ihre Arbeit behindern.

TIPP
Fragen Sie sich immer wieder: Was war wirklich wichtig?

Überprüfen Sie die Wichtigkeit

Haben Sie Ihre A-, B- und C-Tätigkeiten richtig eingeteilt? Haben Sie die Priorität richtig eingeschätzt? Manchmal stellt sich erst hinterher heraus, dass eine Aufgabe gar nicht so wichtig oder dringlich war, wie es noch tags zuvor oder vor einer Woche den Anschein hatte. Ziehen Sie daraus Schlüsse für die kommende Planung und versuchen Sie die Tätigkeiten realistischer zu bewerten.

Kontrollieren Sie Ihre Zeitplanung

Gestern haben Sie geschätzt, wie lange Sie für die verschiedenen Tätigkeiten brauchen. Lagen Sie damit richtig? Was hat länger gebraucht, was ging schneller? Je höher die Aufgabe angesiedelt ist (Kategorie A ist am höchsten), desto schwieriger ist es, den genauen Zeitbedarf zu schätzen. Haben Sie sich um eine Viertelstunde verschätzt, haben Sie recht gut gerechnet. Wenn Sie jedoch eine halbe Stunde für die Ablage veranschlagt haben und in zehn Minuten fertig waren, sollten Sie zukünftig weniger Zeit dafür einplanen.

TIPP

Lernen Sie, Ihren Zeitbedarf realistisch einzuschätzen.

Je häufiger Sie Ihre Schätzungen kontrollieren, desto mehr Übung bekommen Sie, gerade wenn Sie Routinearbeiten oder Fahrzeiten vorausberechnen. Auch bei den A- und B-Aufgaben werden Sie mit der Zeit ein Gespür entwickeln, wie viele Stunden dafür einzuplanen sind.

Unerledigte Aufgaben

Sie werden selten an einem Tag wirklich alle geplanten Aufgaben erledigen können. Das ist auch nicht schlimm. Wichtig ist nur, dass Sie diese auf den kommenden Tagesplan übertragen und abarbeiten. Stutzig sollte es Sie aber machen, wenn Sie eine Tätigkeit nun schon zum dritten oder vierten Mal auf den kommenden Tag übertragen – bewerten Sie diese dann neu.

Stellen Sie sich dann folgende Fragen:

- Ist die Aufgabe unwichtig, sodass ich sie in den Papierkorb werfen kann?
- Kann ich sie delegieren?
- Hat sie sich vielleicht schon erledigt?

Wenn Sie alle Fragen verneinen, sollten Sie die lästige Pflicht spätestens am kommenden Tag erledigen und von Ihrer Liste streichen.

Wie sieht das bei Herrn Faber aus?

Der Tagesplan von Herrn Faber kann Ihnen als Beispiel für die Planung Ihres Arbeitstages dienen. Da er den geschätzten Zeitbedarf für die Tätigkeiten im Plan vermerkt, kann er später prüfen, ob er richtig gerechnet hatte.

Uhrzeit	Termin/Aufgabe	Priorität	Zeitbedarf
7	Hund Gassi führen		
8	Vorbereitung Meeting	A	45 Minuten
9	Meeting mit Marketingabteilung	A	1 Stunde
10	Post / E-Mail Analyse Personaleinsatz	C B	30 Minuten 1 Stunde
11			
12			
13	Essen mit Karina		
14	Tagung im November planen Vorbereitung Personalgespräch	B A	30 Minuten 30 Minuten
15	Personalgespräch (Herrn Jung)	A	1 Stunde
16	Ausarbeitung Vortrag	B	45 Minuten
17	Korrespondenz / Ablage Tagesplan für morgen	C A	30 Minuten 15 Minuten
18			
19	Einkaufen		45 Minuten
20	Fitness-Studio		
21	Verabredung mit Peter und Susanne		
22			
23			
Delegieren:	Infopost Hotel für November buchen Preisermittlung Rohstoffe		
Kontakte:	Frau Wissmann, Fa. Aqualux Herr Hubertus, Fa. Techniko		

Fazit

- Planen Sie heute, was Sie morgen erledigen wollen.
- Berücksichtigen Sie Ihre persönliche Leistungskurve, wenn Sie den folgenden Tag planen – keine A-Aufgabe im Leistungstief.
- Routineaufgaben sind meistens Tätigkeiten der Kategorie C. Wenn Sie diese nicht delegieren können, planen Sie sie in Ihre Phasen der niedrigeren Leistungsfähigkeit und hohen Störrate ein.
- Sperrzeiten sind Ihre eigene Zeit – Störungen sind dann tabu.
- Nutzen Sie die Sperrzeiten für Aufgaben der Kategorie A und B.
- Reservezeiten sind Ihre Zeitpuffer für unvorhergesehene und unerwartet langwierige Aufgaben.
- In der Freizeit sollen sich Körper, Geist und Seele erholen – stürzen Sie sich nicht in den Freizeitstress.
- Lenken Sie sich in Ihrer Freizeit von der Arbeit ab, das gibt neue Energie für den Job.
- Nutzen Sie die Kreativzeit, um neue Ideen und Projekte zu entwickeln – Kreativzeit ist Sperrzeit.
- Belohnen Sie sich nach größeren Aufgaben.
- Schieben Sie schwere Aufgaben und Entscheidungen nicht vor sich her – es gibt keine Probleme, sondern nur Herausforderungen.
- Kontrollieren Sie Ihre Zeitplanung – das gibt Ihnen die Möglichkeit, sie zu verbessern.

Teamarbeit und Delegieren

Delegieren heißt nicht, seine Arbeit auf anderen Schultern zu verteilen. Sonst hätten Angestellte, die nicht weisungsbefugt sind, schlechte Karten. Schließlich müssten diese wirklich alles selbst erledigen. In der Realität haben aber selbst solche Mitarbeiter die Möglichkeit, Aufgaben zu delegieren:

- **Auszubildende einbeziehen:** Einfache Tätigkeiten können Sie an Auszubildende weiterleiten. Das heißt nicht, dass Sie den Azubi Kaffee kochen oder einkaufen lassen, sondern dass Sie ihm sinnvolle Aufgaben geben. Das sind z. B. Listenbearbeitung, Auswertungen, Kontaktaufnahme. Allerdings müssen diese Tätigkeiten in die Ausbildung Ihrer Schützlinge passen und Sie müssen die Ergebnisse kontrollieren. Je häufiger Sie den Azubis Aufgaben übertragen, desto sicherer werden sie und desto verantwortungsvollere Tätigkeiten können sie übernehmen.

- **Schnittstellen nutzen:** Häufig gibt es Schnittstellen zu anderen Abteilungen, die Sie auch für das Delegieren nutzen können. So hat es z. B. für einen Marketingmitarbeiter keinen Sinn, permanent bei der Werbeagentur nachzufragen, wenn dies in das Ressort des Kommunikationsfachmannes fällt. Dieser ist der Ansprechpartner.

- **Neue Mitarbeiter fordern:** Beziehen Sie doch einfach neue Mitarbeiter ein. Die Voraussetzung dazu ist natürlich, dass die Aufgabe in deren Bereich fällt. So lässt sich das Delegieren in eine Übung umwandeln und der neue Mitarbeiter hat ein Erfolgserlebnis. Er wird gefordert und kann durch die Arbeit lernen. Theoretische Vorträge über die Arbeitsweise im Unternehmen zu halten, ist sehr ermüdend, wer nach entsprechender Einweisung ins »kalte Wasser geworfen« wird, lernt am schnellsten und kann sich auch besser mit seiner Tätigkeit identifizieren.

- **Fähigkeiten der Spezialisten nutzen:** Sie sind gut in Ihrem Job, doch vielleicht müssen Sie sich um viele Arbeitsbereiche kümmern und sich in jedem auskennen. Als Allrounder haben Sie zwar ein breites Wissensspektrum, doch in den einzelnen Fachbereichen gehen Ihre Kenntnisse vielleicht nicht in die Tiefe. Nutzen Sie das Potenzial der Fachleute, damit Sie sich auf die wirklich wichtigen Aufgaben konzentrieren können.

- **Regelmäßig abstimmen:** Betreuen Sie mit Kollegen ein Projekt, sollten Sie einen Ablaufplan erstellen. Es muss genau abgestimmt werden, wer mit welcher Aufgabe betraut ist, was dazu benötigt wird und zu welchem Termin das Ergebnis vorliegen muss. Probleme und der aktuelle Stand sollten in Teambesprechungen erörtert werden.

Tappen Sie nicht in Zeitfallen

Ihr Tagesplan war wohl durchdacht, Sie haben Leistungshochs und -tiefs, störanfällige und störarme Zeiten berücksichtigt, Sperrzeiten und Sprechstunden genau einkalkuliert? Sie kommen dennoch mit Ihrer Zeit vorne und hinten nicht aus? Wahrscheinlich sind Sie Zeitdieben zum Opfer gefallen.

Täglich warten viele Zeitfallen auf uns:

- Wollen Sie zu gut sein?
- Gehen Sie schlecht vorbereitet in Besprechungen, die dann zu keinem befriedigenden Ergebnis führen?
- Verquatschen Sie sich häufig am Telefon und bringen damit Ihren Zeitplan durcheinander?
- Stimmt die Kommunikation im Unternehmen nicht? Müssen Sie häufig nachfragen oder werden Sie beständig gefragt?
- Wissen Sie nicht, wo und wie Sie anfangen sollen?
- Fällt es Ihnen schwer, einen Anfang zu finden?
- Haben Sie keine klaren Ziele?
- Nehmen Sie sich zu viel vor und delegieren zu wenig?

Wichtig ist, dass Sie Ihre persönlichen Zeitfallen erkennen und daran arbeiten, sie zu umgehen. Verschenken Sie keine Minute mehr! Wie das geht, erfahren Sie im folgenden Kapitel – geben Sie den Zeitdieben keine Chance!

TIPP
Machen Sie Zeitdieben den Garaus!

Perfektionismus

»Ich will immer die beste Leistung erbringen!« Wenn das Ihr Leitspruch ist, kann man Sie, Ihren Chef und Ihre Kunden nur beglückwünschen! Jede Arbeit, die Sie abliefern, soll hohe Maßstäbe für Sie selbst und die Kollegen oder Konkurrenten setzen.

Wenn Perfektionismus kontraproduktiv ist

Das Streben nach Perfektion kann Ihnen aber auch die tägliche Arbeit erschweren. Es kann sogar so weit führen, dass Sie Fristen versäumen oder das Ergebnis Sie und andere nicht zufrieden stellt. Das ist dann der Fall, wenn Sie die Vorgaben und Ziele aus den Augen verlieren. Wer perfekt sein will, verliert sich oft in Details und ist mit keinem Arbeitsergebnis zufrieden – »Schließlich könnte es immer noch besser werden«.

Wenn Sie eine Bilanz oder eine Kalkulation erstellen, muss das Ergebnis natürlich stimmen. Rechenfehler sind fatal und haben schwerwiegende Folgen.

Wenn Sie aber ein halbes Jahr Zeit haben, ein neues Produkt zu entwickeln, sieht das anders aus. Sie machen sich an die Arbeit, wissen, welche Kriterien das Produkt erfüllen muss, und haben auch schon viele Ideen im Kopf. Sie entwerfen einen Plan, bauen ein Modell und fertigen einen Prototyp. Wenn Sie aber den Prototypen vor sich sehen, gefällt er Ihnen nicht hundertprozentig, er könnte noch etwas verbessert werden und durch eine Veränderung hier und da würde er viel besser aussehen. Sie fangen von vorne an, berücksichtigen die Änderungen, sind aber immer noch nicht zufrieden. So geht es weiter, bis das halbe Jahr um ist und Sie immer noch keinen Vorschlag präsentieren können.

Das Gleiche kann Ihnen passieren, wenn Sie eine Rede halten müssen. Sie machen einen Entwurf, ändern einzelne Passagen, streichen hier und ergänzen dort, bis schließlich der ganze Entwurf im Papierkorb landet und Sie neu beginnen. Der Papierkorb füllt sich, Ihre schlechte Laune steigert sich und der Termin rückt immer näher. Bis zur letzten Minute arbeiten Sie an Ihrem Vortrag und treten dann schlecht vorbereitet und nervös ans Podium. Überzeugend wirkt Ihre Rede mit Sicherheit nicht.

Haben Sie das Prinzip erkannt? Wenn Sie zu hohe Anforderungen an sich stellen, kann es passieren, dass das Ergebnis mangelhaft ist.

Sie können das Rad nicht neu erfinden

Egal, ob es sich um eine Rede, ein Produkt oder eine Präsentation handelt, es lässt sich fast immer etwas verbessern. Doch wenn Sie glauben, das Rad neu erfinden zu müssen, werden Sie zwangsläufig an Ihren Ansprüchen scheitern.

Die Folge ist, dass Sie das nächste Mal dic Messlatte noch höher schrauben und noch mehr von sich verlangen. Das führt in einen Teufelskreis von Erfolgsdruck, Gefühl des Scheiterns und zu Frust, weil Sie mit sich nicht zufrieden sind. Doch Sie können aus diesem Kreislauf ausbrechen:

- **Setzen Sie sich realistische Ziele:** Sie müssen erkennen, was von Ihnen erwartet wird und sich daran orientieren. Versuchen Sie nicht zu überraschen. Heben Sie sich das für besondere Projekte auf, wenn Sie wirklich punkten müssen und können. Bedenken Sie auch immer, welcher Einsatz für ein Projekt angemessen ist und welcher Input sich lohnt. Das heißt natürlich nicht, dass Sie von nun an mit minimalem Engagement arbeiten sollen – aber die Mittel sollten in einem reellen Verhältnis zum Zweck stehen. Es ist wichtig, dass Sie sich stark engagieren, zu viel Einsatz aber ist kontraproduktiv!
- **Verlieren Sie sich nicht in Details:** Vielleicht geben Sie sich aber auch besondere Mühe, weil Ihnen das Projekt Spaß macht. Leider passiert es da ganz schnell, dass Sie sich in Details verlieren und Informationen einholen, die Sie selbst interessieren, für das Ergebnis aber unwichtig sind. Sie müssen sich also selbst disziplinieren, um sich auf die relevanten Punkte zu konzentrieren. Verlieren Sie die Aufgabenstellung nicht aus den Augen.
- **Lernen Sie, zufrieden zu sein:** Fast jede Aufgabe hat eine (oft sehr kurze) Frist. Machen Sie sich bewusst, dass Sie in einem bestimmten Zeitraum auch nur ein bestimmtes Ergebnis erzielen können. Sicher könnten Sie mehr aus dem Thema machen, es besser auf den Punkt bringen und weitere, interessante Aspekte einbeziehen ..., wenn Sie mehr Zeit hätten. Doch in einer festen Frist müssen Sie sich auf das Wichtigste konzentrieren. Sie müssen erkennen, wann ein Ergebnis gut genug ist.

- **Abstand gewinnen:** Sind Sie zu einem Ergebnis gelangt, sollten Sie nicht ständig daran herumdoktern. Bleibt noch Zeit bis zur Abgabe, sollten Sie Ihre Unterlagen zur Seite legen und sich nach einigen Tagen oder Wochen wieder anschauen. Bis dahin haben Sie Abstand gewonnen – Sie sind nicht mehr so »betriebsblind« und erkennen nun die Punkte, die es zu verbessern gilt.

Schlecht vorbereitete Besprechungen

Vielleicht stehen Besprechungen bei Ihnen täglich oder wöchentlich auf dem Terminplan, vielleicht sind Sie aber auch neu in diesem Metier. In beiden Fällen lohnt es sich ganz sicher, einen Blick auf den Ablauf, die Vorbereitung und die gewünschten Ergebnisse zu werfen. Denn je besser Sie für eine Gesprächsrunde vorbereitet sind, desto mehr Zeit sparen Sie.

Die Vorbereitung

Nehmen wir zum Beispiel ein Meeting, in dem über die Herstellung eines neues Produktes entschieden werden soll. Grundsätzlich sind die Vorbereitungen einer Besprechung unabhängig von Themen und Prioritäten immer gleich.

Besprechungen vorbereiten:

- Einladungen schreiben und versenden,
- Raum anmieten bzw. reservieren,
- Bereitstellung von Kaffee/Gebäck oder kalten Getränken,
- Sicherstellung der EDV-Ausstattung,
- Hilfsmittel (Overhead, Mikrofon, Flip-Chart) checken,
- Sitzgelegenheiten organisieren.

Wer macht mit?

An unserem Meeting nehmen folgende Kollegen teil:

- Produktmanager (der das Projekt ins Leben gerufen hat),
- Einkäufer,
- Technischer Konstrukteur,
- Entscheidungsträger (meist der Chef des Initiators),
- Umsetzer aus der Fertigung (z. B. Meister),
- Logistiker,
- Versandmitarbeiter.

TIPP

Schlecht organisierte Meetings geraten zu reinen Rede-Marathons!

Was kann schief gehen?

Es stellt sich nun die Aufgabe, über ein neues Produkt zu entscheiden. Der Initiator (in diesem Falle Sie) muss alle Daten parat und so aufbereitet haben, dass alle Teilnehmer partizipieren. Folgende Fallen können sich bei schlechter Vorbereitung oder schlechter Datenaufbereitung zeigen:

- **Die Herstellkosten sind nicht geklärt:** Der Einkäufer kann nicht mit Vergleichen anderer Anbieter dienen. Daher will sich der Entscheidungsträger nicht festlegen.
- **Größe und Maße des Produktes sind unklar:** Der technische Konstrukteur kann nun keine Zeichnung herstellen, die für das weitere Vorgehen dringend notwendig ist.
- **Die Absatzprognosen sind nicht klar:** Der Logistiker kann aus diesem Grund keine Waren und kein Rohmaterial bestellen. Der Versandmitarbeiter kann keinen Lagerplatz reservieren und einplanen.
- **Das Material ist nicht definiert:** Aus diesem Grund kann der technische Mitarbeiter keine Schätzung über die Fertigung oder zum Personaleinsatz machen.

Sie sehen, Unternehmen, die über zahlreiche Schnittstellen arbeiten (und das sind die meisten, unabhängig von Projekt und Branche), kommen mit einem solchen Meeting nicht voran. Die Zusammenkunft ist verschenkte Zeit, zudem sind alle Teilnehmer demotiviert und erscheinen zur nächsten Sitzung des gleichen Initiators gar nicht erst.

Ungeachtet wie Ihr Vorgesetzter dieses Ergebnis beurteilt, werden Sie selbst sehr enttäuscht über diese Entwicklung sein – diese Zeit war auch für Sie persönlich komplett verschenkt.

Unprofessionelles Telefonieren

Das Telefon ist Segen und Fluch zugleich. Zum einen ermöglicht es Ihnen, schnell und persönlich Verbindung mit Geschäftspartnern aufzunehmen, zum anderen steht es manchmal nicht still und lässt Ihnen keine ruhige Minute. Sein Gebimmel raubt Ihnen jegliche Konzentration. Machen Sie sich nicht zum Sklaven Ihres Telefons, sondern beherrschen Sie es!

Das ewige Suchen
Langes Suchen nach dem richtigen Vorgang oder wichtigen Unterlagen kostet viel Zeit, macht Sie hektisch und verärgert den Gesprächspartner. Das macht keinen guten Eindruck. Legen Sie sich die Unterlagen bereit und machen Sie sich vorher damit vertraut – das gibt Ihnen Sicherheit und garantiert ein flüssiges Gespräch.

Unerwartete Anrufe
Gerade die unerwarteten Anrufer stehlen uns häufig die Zeit. Wir hatten keine Gelegenheit, uns auf das Gespräch vorzubereiten, und viele Anrufer wollen oft nur ein wenig plaudern. Vereinbaren Sie einen neuen Gesprächstermin.

Bleiben Sie beim Thema
Gerade im Gespräch mit netten Telefonpartnern kommt es häufig vor, dass wir vom Thema abschweifen und über private Dinge plaudern. Das sollten Sie vermeiden. Andererseits haben Sie vielleicht mit einigen Kunden oder Außendienstmitarbeitern häufig Kontakt und es hat sich eine persönliche Beziehung entwickelt. Dann schadet auch der eine oder andere persönliche Satz nicht, Sie müssen ja nicht stundenlang privat plaudern. Ein paar private Worte bringen Abwechslung in den Arbeitsalltag. Legen Sie Telefonate mit diesen Gesprächspartnern in die Stunden, in denen Ihnen etwas mehr Zeit zur Verfügung steht.

Telefonausstattung
Sehr nützlich ist ein ISDN-Anschluss und ein Telefon mit Display, auf dem Sie den Anrufer erkennen. Sie können sich dann schnell auf einen Anrufer vorbereiten, z. B. den Vorgang parat legen. Dies passiert in wenigen Sekunden, Ihrem Partner vermitteln Sie aber, dass Sie ihn ernst nehmen.

Ineffektive Kommunikation

Die besten Mitarbeiter sind für das Unternehmen wertlos, wenn die Kommunikation nicht stimmt. Die richtige Abstimmung ist also sehr wichtig.

Die Ursachen ineffektiver Kommunikation:

- Eine Information wird als unwichtig eingeschätzt und nicht weitergeleitet.
- Informationen werden zwar weitergeleitet, kommen aber zu spät an, weil der Informationsweg zu lang ist.
- Informationen werden weitergeleitet, kommen aber nicht an, weil sie irgendwo „hängen“ bleiben.
- Informationen werden wegen unklarer Hierarchien oder Strukturen nicht oder falsch weitergeleitet.
- Informationen werden wegen eines schlechten Betriebsklimas nur zögerlich oder verfälscht weitergeleitet.
- Informationen werden bewusst zurückgehalten.
- Es gibt eine Informationsflut, ständig werden Mails, Faxe, Memos, Rundschreiben verschickt und Meetings angesetzt. Die wichtigen Informationen gehen unter.
- Von jedem Mitarbeiter wird erwartet, über alle Vorgänge ständig zu 100 Prozent informiert zu sein.

Ein Problem mit üblen Folgen

Oft sind zehn Abteilungen mit der Umsetzung eines Projekts befasst. Hakt es auch nur an einer Schnittstelle mit dem Informationsaustausch oder werden falsche Informationen weitergegeben, hat das Auswirkungen auf alle folgenden Bereiche.

Kommunizieren Sie mit den richtigen Stellen

Überlegen Sie genau, welche Personen an der Umsetzung Ihres Projekts/Ihrer Aufgabe beteiligt sind, und sorgen Sie dafür, dass jeder die Informationen bekommt, die er tatsächlich braucht. Sorgen Sie dafür, dass im Gegenzug auch Sie alles erfahren, was für Ihre Arbeit notwendig ist. Regelmäßige Meetings können dabei eine große Hilfe sein, sollten jedoch nicht ausufern. Es gelten folgende Regeln:

- **Nur an wichtigen Meetings teilnehmen:** In manchen Unternehmen jagt ein Meeting das nächste, das kann auch kontraproduktiv sein und bringt keinen weiter. Nehmen Sie nur an den Besprechungen teil, zu denen Sie etwas beitragen können und die Ihnen etwas bringen. Wenn Sie aber nicht Ihr eigener Chef sind, können Sie das selten eigenständig bestimmen – oftmals erwartet man Ihre Anwesenheit. Klären Sie dann in einem Gespräch mit Ihrem Vorgesetzten, ob Sie unabdingbar sind.
- **Informationen kurz halten:** Beschränken Sie sich auf die notwendigen Inhalte, wenn Sie Informationen weitergeben. Machen Sie im Betreff deutlich, worum es geht, und bitten Sie auch Ihre Kollegen, entsprechend zu verfahren.
- **Informationen selektieren:** Beobachten Sie eine Zeit lang, wer Ihnen welche Nachrichten schickt. Bestimmt steht Ihr Name auf vielen Verteilerlisten und Sie bekommen regelmäßig die neuesten Informationen aus diesem Bereich. Sind einige dieser Informationen wertlos für Sie, sollten Sie sich aus dieser Verteilerliste streichen lassen.
- **Informationen bündeln:** Es ist meistens gar nicht notwendig, dass alle Mitarbeiter alle Informationen griffbereit haben. Meistens reicht es, wenn jeder weiß, wo er die Unterlagen findet. Sprechen Sie sich mit Ihrem Team ab und setzen Sie fest, wer welche Informationen sammelt. So braucht sich immer nur ein Mitarbeiter mit einem be-

stimmten Gebiet zu befassen. So spezialisiert er sich, kann rasch Auskunft geben und hat bei Bedarf alle Papiere.

- **Fristen setzen:** Sind Sie auf die Zuarbeit von Kollegen oder freien Mitarbeitern angewiesen, sollten Sie bei jedem »Auftrag« eine Frist setzen. Berechnen Sie die Frist so, dass Sie genug Spielraum haben, falls Ihr Partner verspätet abgibt.

Unentschlossenheit

Unentschlossenheit ist eine ganz üble Zeitfalle. Während Sie über alle möglichen Lösungswege nachdenken und zu keinem Ergebnis kommen, sind Ihre Gedanken auch für andere Projekte blockiert – Sie kommen also weder hier noch da weiter. Finden Sie zu keiner Entscheidung, finden Sie auch keinen Einstieg in das Projekt.

Erkennen Sie Risiken

Um gegen die Unentschlossenheit anzugehen, braucht man eine ordentliche Portion Selbsterkenntnis.

Gehen Sie dabei wie folgt vor:

- Machen Sie sich die Situationen, in welchen Sie entscheidungsunwillig sind, bewusst.
- Finden Sie heraus, welche Faktoren Sie zaudern lassen.
- Erwägen Sie die Konsequenzen jeder Entscheidung und fertigen Sie eine Plus- und Minusbilanz für jede an.
- Beziehen Sie auch Kollegen in die Überlegungen ein, um deren Standpunkte zu erfahren. Doch Vorsicht: Tun Sie das nicht, um Verantwortung abzuwälzen!

Über eines müssen Sie sich auf jeden Fall klar werden: Sie kommen nicht darum herum Entscheidungen zu treffen – je länger Sie unentschlossen brüten, desto stärker blockieren Sie sich und desto weniger Zeit bleibt Ihnen für die Umsetzung des Projekts.

Aufschieben

Wenn Sie dazu neigen, schwierige Aufgaben hinauszuzögern, leiden Sie vielleicht an der »Aufschieberitis«. Äußere Anzeichen dieser »Krankheit« sind z. B. ein überfüllter Schreibtisch, überquellende Ablagefächer und bedenklich nahe Termine, auf die der »Patient« schlecht vorbereitet ist. Aufgaben aufzuschieben ist ein schlimmer Zeitfresser, weil Sie die Vorgänge ständig hin und her schieben, sie immer mal wieder in die Hand nehmen, einen kurzen Blick darauf werfen und sich dann wieder anderen Tätigkeiten widmen. Plagt Sie da nicht das schlechte Gewissen?

Was kann ich tun?

Mit einigen einfachen Techniken können Sie sich das ständige Aufschieben abgewöhnen. Dazu müssen Sie sich aber erst einmal deutlich machen, warum Sie diese schlechte Angewohnheit haben.

Aufgaben:

Nennen Sie drei Aufgaben/Projekte, die Sie gerne aufschieben. Überlegen Sie nun einmal: Warum fällt Ihnen der Anfang so schwer?

1. ....
2. ....
3. ....

Vielleicht kommen Ihnen diese Ursachen dabei in den Sinn:
1. Sie fühlen sich von der Aufgabe überfordert.
2. Sie haben das Gefühl, nicht alle notwendigen Informationen zu haben.
3. Die Aufgabe langweilt Sie.
4. Sie haben so viel zu tun und kommen nicht dazu.
5. Es gibt andere Tätigkeiten, die Sie lieber erledigen.

TIPP

Fangen Sie einfach an! Ist der erste Schritt getan, läuft es wie von selbst!

Lösungsstrategien:

1. Eine Möglichkeit ist es, einfach zu beginnen. Ist die erste Hürde genommen, läuft die restliche Arbeit von selbst. Kommt es häufiger vor, dass Sie sich den Anforderungen nicht gewachsen fühlen, sollten Sie sich die Kenntnisse aneignen, die Ihnen die notwendige Sicherheit geben:
   - Tun Sie sich z. B. schwer damit, Excel-Tabellen zu erstellen, sollten Sie einen entsprechenden Kurs besuchen.
   - Sind es die Briefe an die ausländischen Kunden, sollten Sie Ihre Fremdsprachenkenntnisse verbessern.
   - Sind es die Präsentationen, besuchen Sie am besten ein Rhetorikseminar.

2. Fühlen Sie sich nicht ausreichend informiert, sollten Sie den Informationsfluss optimieren. Überlegen Sie, welche Angaben Sie benötigen, an welchen Schnittstellen es hakt, welche Informationen Sie sich von anderen oder aus dem Internet besorgen können. Statt eine Aufgabe aufzuschieben, weil Sie nicht die notwendigen Kenntnisse haben, sollten Sie dafür sorgen, dass Sie diese bekommen.
3. Es gibt sicher viele lästige Routineaufgaben, die erledigt werden müssen. Lassen Sie sich nicht ärgern und machen Sie sie zur Gewohnheit (siehe Seite 60ff). Verbinden Sie den Abschluss mit etwas Positivem, so lassen Sie sich leichter motivieren. Je länger Sie die Tätigkeiten hinausschieben, desto länger werden Sie später brauchen.
4. Wenn Sie so viel zu tun haben, dass Sie bestimmte Vorgänge immer wieder hinausschieben, sollten Sie Ihr Zeitmanagement verbessern. Setzen Sie Prioritäten (siehe Seite 43ff) und planen Sie diese in Ihren Tagesplan ein.
5. Jeder von uns hat Vorlieben und Abneigungen, auch in Bezug auf seine Arbeit. Viele Menschen neigen dazu, die Aufgaben vorzuziehen, die ihnen Freude machen. Planen Sie Ihre Spaß-Aufgaben nach einer lästigen Tätigkeit ein. Dann haben Sie etwas, worauf Sie sich freuen können, und werden die Pflicht-Aufgabe motivierter bearbeiten.

MERKE: Das positive Denken kann gute Erfolge erzielen. Zuerst sollten Sie Ihren Wortschatz von Unwörtern befreien – denn die Sprache prägt unser Bewusstsein. Sagen Sie nicht Problem, sondern Herausforderung, und schon gewinnt die Sache einen ganz anderen Charakter. Jetzt gehen Sie mit einer anderen Einstellung daran!

Unklare Ziele, unklare Prioritäten

Es ist bei allen Managemententscheidungen wichtig, die Ziele vorab zu klären. Stellen Sie sich z. B. folgende Fragen:

Ziele eingrenzen

- Was möchten wir mit dem nächsten Auftritt erreichen?
- Welche Zielgruppen sprechen wir an?
- Welche Umsatzsteigerung streben wir an?
- Um welchen Anteil soll die Produktivität erhöht werden?
- Wie hoch sollen die Einsparungen durch die Umstrukturierung sein?

Setzen Sie sich unternehmerische Ziele

Sie sind Ihr eigener Manager und müssen sich Ihre Ziele klar vor Augen führen. Tun Sie das nicht, laufen Sie Gefahr, sich zu verzetteln und am Ende mit leeren Händen dazustehen. Ihr »eigenes Unternehmen« hat dann keine klare Linie. Sie probieren hier ein bisschen, engagieren sich dort, doch alles ist halbherzig, denn es fehlt die Motivation, ein Ziel zu erreichen. Jede Arbeitsminute, die Sie nicht auf ein Ziel hinarbeiten, ist verschenkt. Machen Sie sich also Ihre Ziele bewusst, damit Sie Ihre Zeit optimal nutzen!

Ziele setzen Prioritäten

Wenn Sie Ziele festlegen, können Sie Ihren Tätigkeiten und Projekten Prioritäten zuordnen. Wie Sie Ihre Aufgaben bewerten und in die Kategorien A, B, C und D einteilen, lesen Sie ab Seite 43.

Gewichten Sie Ihre Pflichten nicht konsequent, verschwenden Sie viel Zeit mit Routineaufgaben, während die Tätigkeiten, die Sie an Ihre Ziele bringen, zu kurz kommen.

Unfähigkeit zu delegieren

Delegieren schafft Freiräume – die Unfähigkeit zu delegieren Engpässe. Auf diese kurze Formel lässt sich die Bedeutung des Delegierens reduzieren. Wer alles selbst machen will, verschenkt wertvolle Zeit! Konzentrieren Sie sich auf die wichtigen Tätigkeiten und geben Sie immer wieder etwas an Ihre Kollegen ab oder vergeben Sie Aufträge an freie Mitarbeiter, die auf solche Aufgaben spezialisiert sind. Warum aber delegieren viele Menschen so ungern?

- Sie glauben, alles im Griff zu haben und nicht auf die Hilfe anderer angewiesen zu sein. (»Das schaffe ich schon!«)
- Sie machen lieber alles selbst, weil sie nichts aus der Hand geben möchten. (»Da weiß nur ich Bescheid!«)
- Sie trauen sich nicht, einen Kollegen damit zu »behelligen«. (»Ich will niemanden aufhalten!«)
- Sie geben den Vorgang auch nicht an Kollegen aus der Fachabteilung ab, weil sie fürchten, sich mit Ihrer »Unwissenheit« bloßzustellen. (»Ich bin doch kein Idiot!«)
- Sie fürchten, an Ansehen zu verlieren, wenn Sie nicht alles selbst machen. (»Die sollen sehen, was ich alles kann!«)
- Sie vertrauen keinem. (»Das geht niemanden etwas an!«)

Was kann ich tun?

Keine Panik, falls Sie zu einer dieser Gruppen zählen. Sie werden an Ansehen gewinnen, wenn Sie delegieren, denn kein Vorgesetzter hat es nötig, alles selbst zu machen. Und das Potenzial Ihrer Mitarbeiter können Sie nur erkennen, wenn Sie ihnen Verantwortung übertragen. Wie sollen sie sonst zeigen, was in ihnen steckt? Was auch immer der Grund ist, Sie müssen lernen abzugeben, denn es wird garantiert Momente geben, in welchen Sie nicht mehr alle Aufgaben alleine bewältigen können.

MERKE: Niemand kann alles wissen! Sie müssen nicht alles wissen, Sie müssen nur wissen, wo Sie die notwendigen Informationen finden.

Fazit

- Übersteigerter Perfektionismus ist ein Zeitdieb.
- Erkennen Sie, wann ein Ergebnis gut genug ist.
- Schlecht organisierte oder geführte Meetings verlaufen ergebnislos.
- Unprofessionelles Telefonieren ist ein Zeitdieb ersten Ranges – auch ein Telefonat will gut vorbereitet sein.
- Stimmt die Kommunikation im Unternehmen nicht, verzögern sich die Projekte – das kann teuer werden.
- Die Kommunikation an den Schnittstellen der Abteilungen muss sich auf das Notwendige beschränken.
- Wer unentschlossen ist, erreicht sein Ziel nicht. Es kommt darauf an, alle notwendigen Fakten zu sammeln, die Entscheidung zu treffen und auch dazu zu stehen.
- Wer keine klaren Ziele hat, arbeitet planlos.
- Wer nichts delegiert, stiehlt sich die Zeit für wichtige Aufgaben.

Hilfsmittel zur Zeitplanung

Es gibt zahlreiche »Tools«, die Ihre Zeitplanung erleichtern, vom einfachen Terminkalender bis hin zu ausgefeilter Software. Dieses Kapitel bietet Ihnen eine Übersicht über die wichtigsten Hilfsmittel.

Die Wahl des richtigen Hilfsmittels

Ob Sie Ihren Zeitplan schriftlich oder elektronisch erstellen, hängt von Ihren persönlichen Vorlieben und der technischen Ausstattung Ihres Arbeitsplatzes ab.

Der Trend geht klar zu den elektronischen Helfern, immer mehr Unternehmen sehen diese als Basisausstattung ihrer Mitarbeiter. Es sind natürlich nicht rein menschenfreundliche, sondern vor allem kalkulatorische Erwägungen, wenn jeder Mitarbeiter ein Programm zur Zeitplanung (z. B. Outlook) erhält. So ist es sehr kostenintensiv, alle Mitarbeiter jährlich aufs Neue mit Kalenderbüchern, Wochenplanern und Wandkalendern zu versorgen. Die elektronischen Helfer stellen dagegen eine einmalige Investition dar – sie sollten nur von Zeit zu Zeit mit aktueller Software auf den neuesten Stand gebracht werden.

Sie sollten das für Sie einfachste und effektivste System aussuchen, schließlich müssen Sie damit arbeiten.

MERKE: Grundlage einer zuverlässigen Zeitplanung ist es, Termine und Aufgaben sorgfältig einzutragen, egal, ob Sie handschriftlich oder elektronisch arbeiten.

Schriftliche Planung

»Schwarz auf weiß« ist für viele Menschen noch immer die beste Methode, um Termine zu verwalten und die Zeit zu planen. Stets griffbereit und aktualisiert, ohne erst den PC starten zu müssen, bieten diese Tools eine Fülle von Möglichkeiten, die weit über die klassische Terminplanung hinausgehen.

Wer sich für die schriftliche Planung entscheidet, hat heute viel mehr Möglichkeiten als den altbekannten Taschenkalender. Organizer bieten von der Adressverwaltung bis hin zu Fahrtenbüchern viele Hilfsmittel, die früher in zahlreichen Ordnern und Mappen untergebracht waren und sich nun schnell und einfach in einem Ringbuch kombinieren lassen. Nachfolgend finden Sie die Vor- und Nachteile der verschiedenen Tools zur schriftlichen Planung.

Terminkalender

Obwohl es heute auch für die Freunde der schriftlichen Planung ausgefeilte Hilfsmittel für die Zeitplanung gibt, hat der klassische Terminkalender noch lange nicht ausgedient und wird sehr häufig genutzt. Verschiedene Varianten von Terminkalendern stehen zur Auswahl: z. B. Taschenkalender, Tischkalender und Chefkalender.

Taschenkalender

Taschenkalender sind in der Regel klein und handlich. Sie bieten den Vorteil, dass man sie ständig mit sich tragen kann. Doch darin liegt auch der Nachteil: Es gibt nur wenig Platz für Eintragungen! Pro Seite findet sich ein Monat – für den einzelnen Tag bleibt da nur eine Zeile und diese ist häufig schon bedruckt mit »wichtigen« Informationen, wie z. B. Mondphasen und Namenstagen. So reduziert sich der freie Platz auf einige Millimeter und es ist schon recht schwierig, zwei Termine festzuhalten. Das Adressverzeichnis beschränkt sich auf wenige Seiten und muss jedes Jahr neu übertragen werden. Taschenkalender bieten sich für Leute an, die lediglich Geburtstage und Zahnarzttermine eintragen wollen, doch für eine effektive Zeitplanung mit Prioritätenliste sind sie gänzlich ungeeignet.

Tischkalender

Tischkalender sind ein praktisches Utensil auf dem Schreibtisch. Es gibt eine Jahresübersicht, die für eine ausgefeilte Planung allerdings zu wenig Platz bietet. Das Adressverzeichnis könnte meistens auch größer sein und muss jedes Jahr übertragen werden. Pro Tag lassen sich mehrere Termine eintragen, doch wenn Sie auch noch eine To-do-Liste, Prioritätenliste und einige Ansprechpartner eintragen wollen, wird es unübersichtlich. Einen sperrigen Tischkalender können Sie nicht bei sich tragen und müssten noch einen Taschenkalender führen, was zu doppelter Arbeit führt.

Chefkalender

Chefkalender sehen sehr professionell aus. Sie bieten Raum für persönliche Notizen, eine Übersicht des aktuellen und des folgenden Jahres und einen informellen Teil, der Feiertage, Schulferien, internationale Vorwahlen oder Portogebühren nennt. Der Tagesplanung steht zu Beginn eines jeden Monats eine Monatsübersicht vor. Die Tagesplanung selbst gibt Ihnen viel Raum für Einträge. Der Tag ist z. B. in einer Spalte in halbstündige Abstände eingeteilt, in der zweiten Spalte haben Sie die Möglichkeit, Ansprechpartner, Telefonnummern, Adressen, Prioritäten und Ähnliches zu vermerken. Auf jeder Tagesseite sind eine Monatsübersicht, die Kalenderwoche, die verbleibenden Tage des Jahres und die Feiertage vorgedruckt. Zur Ausstattung gehört auch ein Adressverzeichnis, das allerdings häufig nur Raum für wenige Eintragungen lässt, die in den Kalender des nächsten Jahres wieder übertragen werden müssen.

Zeitplanbuch

Die Hightech-Variante für die Freunde der schriftlichen Planung ist das Zeitplanbuch. Unabhängig von Energiequellen und Telefonanschlüssen bietet es überall schnellen Zugriff auf die wichtigen Daten. Verwendet man den seit den 80er-Jahren beliebten Organizer richtig, versprechen die Anbieter eine erhebliche Zeitersparnis. Aufgebaut sind Zeitplanbücher in zwei Hauptteile: Die Jahresplanung und die Organisation. Dabei können Sie zwischen Komplettsystemen wählen, die alle üblichen Vordrucke enthalten oder sich den Inhalt nach Ihren ganz persönlichen Bedürfnissen zusammenstellen. Die Inhalte der Organizer variieren je nach Anbieter. Fehler beim Ein- und Übertragen der Daten sind leider nicht immer zu vermeiden – das ist ein Nachteil dieser Bücher. Hinzu kommt, dass Sie die Adressen zur Verwendung im PC erneut eintragen müssen.

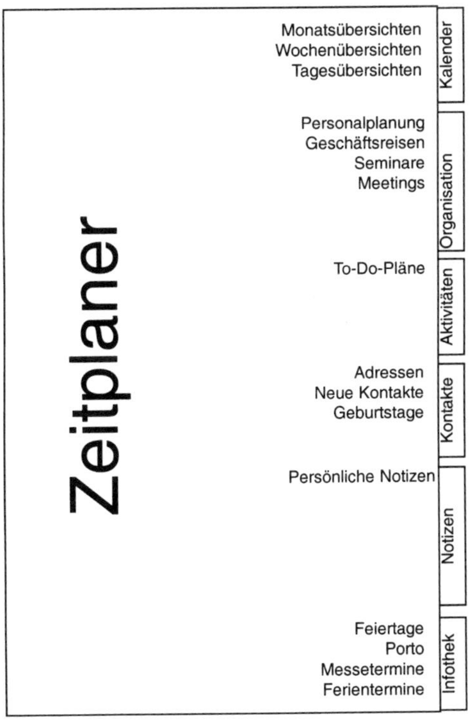

Das System

Organizer bestehen aus leder- oder kunststoffgebundenen Ringbüchern. Diese bieten den Vorteil, dass man nicht mehr benötigte Seiten entfernen und weiterhin benötigte Blätter in das Folgejahr übernehmen kann.

Die gängigsten Formate sind DIN A5 und DIN A6, alles, was kleiner ist, reicht in der Regel für eine ausgefeilte Zeitplanung nicht mehr aus. Für welche Größe des Planers Sie sich entscheiden, hängt vom Umfang Ihrer Eintragungen ab. Um Organizer im DIN-A4-Format bei sich zu tragen, bedarf es schon einer großen Tasche, die kleineren Modelle sind handlicher. Die Ringbücher bieten einen Stifthalter und verschiedene Steckfächer, wo Sie je nach Größe alles von Kreditkarten bis hin zum Handy unterbringen können. Die einzelnen inhaltlichen Bausteine sind durch Kunststoffregister getrennt, um einen schnellen Zugriff zu ermöglichen.

Die Jahresplanung

Kernstück der Jahresplanung sind die Kalenderblätter. Je nach Platzbedarf können Sie sich aussuchen, ob Sie mit einer Woche auf zwei Seiten ausreichend Raum für Eintragungen haben. Die Alternativen sind ein Tag pro Seite oder sogar ein Tag auf zwei Seiten, mit viel Platz für Notizen und Prioritätenlisten. Welches dieser Systeme Sie bevorzugen, hängt davon ab, wie viele Termine Sie täglich haben. Trotzdem sollten Sie immer darauf achten, dass Sie ausreichend Platz haben, um sich noch Telefonnummern, Ansprechpartner und Ihre Prioritätenliste zu notieren.

Vervollständigt wird das Kalendarium mit jahresabhängigen Übersichts-, Folgejahr-, Projekt- und Urlaubsplanern, die Ihre langfristige Planung unterstützen. Infoblätter geben Ihnen wichtige Hinweise z. B. zu Messen, Postgebühren, Schulferien- und Steuerterminen.

Der Organisationsteil

Der Organisationsteil enthält weitere wichtige Elemente für Ihr Zeitmanagement. Der Vorteil besteht darin, dass Sie die Infos für das nächste Jahr weiterverwenden können, ohne sie zu übertragen – indem Sie diese Blätter nicht tauschen.

Grundelement ist das Adressverzeichnis. Achten Sie darauf, dass ein Adressfeld genügend Platz bietet für die Adresse, den Namen des Ansprechpartners, Sprechzeiten, mehrere Telefonnummern und auch die E-Mail-Adresse.

TIPP

Sie sollten auch immer dafür sorgen, dass Sie einen Überblick über die Folgejahre haben.

Weitere nicht jahresgebundene Blätter sind z. B. Projekt- und Besprechungspläne, die Jahreszielplanung, »To-do«-Listen, Einnahmen-Ausgabenübersichten, Fahrtenbuch, Reisekostenabrechnungen, Gesprächsnotizen, Ver- und Geliehen-Blätter, Kurzmitteilungen, ausklappbare Wochenpläne, Kundenkarteien, Zielplanung und Geburtstagskalender.

Informationen z. B. über internationale Vorwahlen, Buchstabieralphabete und Konfektionsgrößen, Maßeinheiten, wichtige Rufnummern, Stadtpläne und Welt- oder Landkarten ergänzen den Organisationsteil.

Hinzu kommen linierte, karierte oder leere Blätter für persönliche Notizen.

Besonders nützlich ist die große Auswahl an Klarsichthüllen für CDs, Disketten, Kredit- und EC-Karten, Prospekte und Visitenkarten.

Nützliches Zubehör

Abgerundet wird das Organizer-Angebot von zahlreichen nützlichen Kleinigkeiten. Die wichtigsten sind nachfolgend aufgezählt:

- Das Lineal kann in die aktuelle Woche oder den Tag abgeheftet werden und ermöglicht so einen schnellen Zugriff.
- Lochverstärkungsleisten schützen häufig genutzte Seiten vor dem Einreißen.
- Korrekturetiketten ermöglichen die schnelle Aktualisierung des Adressverzeichnisses.
- Extraflache Taschenrechner sparen Platz.
- Systemlocher ermöglichen Ihnen das schnelle Abheften von eigenen Vorgängen oder selbst erstellter Formblätter.

Elektronische Helfer

Es gibt zahlreiche elektronischen Medien, die Ihnen das Zeitmanagement erleichtern. Stellvertretend seien hier vier dieser Systeme genannt:

- Lotus Notes,
- MS Outlook,
- der digitale Assistent,
- der Web-Organizer.

Lotus Notes und MS Outlook sind Marktführer auf diesem Gebiet, was den Vorteil hat, dass der Nutzer schnell Kontakte zu anderen Unternehmen herstellen kann und Daten beim Versenden (Attachments) nicht verzerrt werden.

Ganz allgemein kann man sagen, dass die PC-Programme es Ihnen ermöglichen, Ihre Zeit effektiv, effizient und zeitsparend zu planen.

Vorteile der elektronischen Zeitplansysteme

Bei der Eingabe ordnet das System Kontakte, Personen und Termine automatisch zu. So können Sie z. B. bei der Einladung zu einem Meeting gleich eine Kopie an den Verwalter der Sitzungsräume senden – dieser reserviert Ihnen den Raum termingerecht, ohne dass Sie eine zusätzliche Mail oder einen Anruf tätigen müssen.

Das System überwacht alle Ziele zeitgleich, Sie können also ein Warnsignal eingeben. Sobald Sie sich zu nah an dem Ergebnistermin befinden, werden Sie direkt informiert, können diese Aufgabe also nicht vergessen. Natürlich bewahrt Sie diese Funktion nicht davor, in Zeitnot zu geraten – das kann der PC nicht für Sie leisten.

MERKE: Auch ohne einen Wust von Haftnotizen können Sie Ihre Aufgaben und Prioritäten im Blick behalten.

Nachteile der elektronischen Helfer

Kritiker weisen immer wieder darauf hin: Wir sind abhängig von den elektronischen Helfern und Medien. Das Internet hindert uns an direkten sozialen Kontakten, man kann regelrecht süchtig danach werden.

Natürlich sind Sie auch von einem elektronischen Terminprogramm abhängig. Fällt es aus (Stromausfall, Festplattencrash, PC-Absturz), stehen Sie mit leeren Händen da und haben keinen Zugriff mehr. Ein oft unterschätztes Problem ist die elektronische Datenübermittlung. So kann es vorkommen, dass Ihr PC im Laufe Ihrer Abwesenheit (z. B. während des Urlaubes) mit Mails überhäuft wird. Der erste Arbeitstag besteht in Extremfällen nur darin, die eingegangenen Mails zu sichten und zu bearbeiten.

Aber auch dieses Problem lässt sich einfach in den Griff bekommen: Überprüfen Sie einmal die verschiedenen Verteiler, in denen Ihre E-Mail-Adresse angelegt ist. Ist das wirklich notwendig?

Ein weiteres Problem sind private Mail-Spiele und Animationen. Sicherlich erheitert dies den Arbeitsalltag und kommt uns zur Pause gerade recht. Bedenken Sie aber, dass diese Dateien nur dem privaten Vergnügen dienen, relevanten Speicherplatz belegen und oftmals auch mit Viren belastet sind.

Die beiden gängigsten Programme

Mit *Lotus Notes* und *MS Outlook* können Sie viele Arbeitsabläufe bewerkstelligen. Bei beiden Systemen sind Sie an Ihren eigenen PC bzw. Ihr Laptop gebunden. Das heißt, Sie können nicht wie bei verschiedenen Anbietern wie AOL, GMX, web.de oder freemail Ihre Mails von allen Orten abrufen. Die vier letztgenannten haben sich allerdings in der Geschäftswelt auch nicht so etabliert wie die beiden ersten, sie sind eher für den Privatgebrauch geeignet.

Sie können mit Lotus Notes und MS Outlook folgende Dinge erledigen:

- Nachrichtentexte bearbeiten,
- Nachrichtentexte empfangen und versenden,
- mit dem Adressbuch arbeiten,
- Gruppenadressen einrichten, z. B. in einzelne Abteilungen oder interne und externe Adressen,
- Kontakteinträge verwalten,
- Termine gestalten, verfolgen, kontrollieren,
- in einer Arbeitsgruppe arbeiten,
- den Office-Bereich integrieren,
- Ihr persönliches Zeitplansystem individuell einrichten,
- Ihre persönlichen Erinnerungsfunktionen, wie z. B. Erinnerung an Aufgabenverfolgung und -abgabe, Geburtstage von Geschäftspartnern, individuell einrichten,
- Einladungen mit Antwortkontrolle und Antwortmeldung versenden,
- Anhänge (Attachments) versenden,
- individuelle Programmansicht und Ordnereinrichtung wie beim Office-Paket nutzen.

Der Web-Organizer

Eine weitere Möglichkeit, den Zeitplan zu erfassen und zu verfolgen, bietet der Web-Organizer. Damit können Sie sich weltweit mit einem persönlichen Passwort über das Internet in das System einloggen. Hierbei können Sie auf die Endgeräte PC, Laptop oder auch auf Ihr Handy zurückgreifen.

Ein Web-Organizer fasst folgende Service-Einrichtungen zusammen:

- herkömmliche Organizer,
- Möglichkeit des Herunterladens von einem PC,
- Anschluss an PC, Laptop oder auch Handy,
- Abfrage von einem Festnetz, des Weiteren auch die Eingabe von einem Festnetzanschluss,
- Möglichkeit des Anschlusses eines digitalen Assistenten, wie z. B. eines Palms,
- Eingabe und Abfrage von einem Faxgerät.

Der digitale Assistent Palmtop

Dieses elektronische Hilfsmittel bedeutet Multimedia in der Westentasche. Entstanden aus anfänglich kompakten Terminassistenten, die nur Adressen verwalten und Termine aufgenommen haben, versendet man damit heute E-Mails oder sieht sich sogar Videos an. Um sie umfassend zu beschreiben, bedienen wir uns des Begriffs »Kommunikationszentrale«.

Die drei konkurrierenden Betriebssysteme sind:

- das multimediale Windows CE 3.0
- das solide EPOC
- das klassische PalmOS.

Alle drei Betriebssysteme passen in die Handfläche, organisieren Termine und Adressen, begleiten den Benutzer wie ein Terminkalender und sind einfach zu bedienen.

Ohne Kompatibilität läuft nichts

Für welches System Sie sich auch entscheiden, jedes wird Ihnen helfen, Ihre Aufgaben und Termine zu planen. Natürlich müssen Sie sich auch nach den Systemen im Büro richten. Setzen wir voraus, dass alle Kollegen mit Lotus arbeiten, Sie aber bestehen auf einem anderen Anbieter, werden Sie nicht die vielen Vorteile des gemeinsamen Systems nutzen können.

Sollten Sie sich aber in einem modernen Unternehmen, in dem die Nutzung solcher Dienste Alltag ist, verweigern, so werden Sie keine Fortschritte beim Zeitmanagement machen. Wir alle müssen unser Leben lang weiterlernen und uns weiterentwickeln. Dass Sie dazu bereit sind, haben Sie schon mit dem Kauf dieses Buchs gezeigt – Sie befinden sich genau auf dem richtigen Weg.

Fazit

- Nutzen Sie Tools zur Zeitplanung.
- Sorgfältige Eintragungen sind das A und O der Zeitplanung mit Hilfsmitteln.
- Ein Zeitplanbuch ist mehr als ein Terminkalender.
- Mit dem Organizer haben Sie alle Daten griffbereit.
- Der digitale Assistent ist ein Tausendsassa– mobil und kompatibel.
- Elektronische Zeitplansysteme bieten vielfältige Möglichkeiten.
- Der Web-Organizer ist von überall auf der Welt ohne Probleme einsehbar.

Planung von längeren Zeiträumen

Ihre unmittelbare Planung besteht üblicherweise aus drei Zeithorizonten (siehe Seite 39ff). Doch um einen Überblick über Ihre Projekte, Termine und die Urlaubsplanung zu erhalten, müssen Sie langfristig planen. Denn von der langfristigen Planung leiten sich wiederum die mittel- und kurzfristig zu erledigenden Tätigkeiten, Termine und Fristen ab. Es ist sinnvoll, eine Jahresübersicht zu verwenden. Diese Jahresübersichten sind in den meisten Terminplanern bzw. Zeitplanbüchern enthalten.

Überschneidungen vermeiden

Durch die gewissenhaften Eintragungen in den Jahresplan überblicken Sie Ihre Aktivitäten in den nächsten zwölf Monaten und erkennen sofort, wo es zu Überschneidungen kommen kann. Das gibt Ihnen die Möglichkeit, Termine frühzeitig zu verlegen, Ihre Vertretung zu organisieren oder die notwendigen Vorbereitungen vorzuziehen. Besonders praktisch (weil übersichtlich und immer im Blick) sind auch DIN-A3- oder DIN-A2-Wandplaner.

Regelmäßige Tätigkeiten und Fristen

In fast jedem Job gibt es regelmäßig wiederkehrende Aufgaben. Diese häufen sich meist zum Quartals- oder Halbjahresende. Dazu gehören z. B. Budgetierungsfristen, die Erstellung von Statistiken, die Bewertung von Mitarbeitern oder Auszubildenden, Personalführungsgespräche, Konferenzen und deren Vorbereitung. Solche zyklischen Termine und Tätigkeiten unterscheiden sich je nach Branche und

Betrieb. Finden Sie also heraus, welche Vorgänge bei Ihnen regelmäßig wiederkehren. Diese tragen Sie zuerst in den Terminkalender ein.

- **Messen:** Ob Sie nun Aussteller oder Einkäufer sind, Messen dürfen Sie nicht versäumen. Die Termine stehen frühzeitig fest, sodass Sie diese schon zu Beginn des Jahres in die Übersicht eintragen können. So ist es Ihnen möglich, die Vorbereitungen rechtzeitig anzugehen.

- **Geschäftsreisen und Tagungen:** Die Termine von Geschäftsreisen und Tagungen sollten Sie in die Jahresübersicht eintragen, sobald sie feststehen. Auch hier gilt es, Aufwand und Dauer der Vorbereitung einzuplanen.

- **Urlaubsplanung:** Legen Sie Ihren Urlaub nach Möglichkeit zu Jahresbeginn fest und tragen Sie Ihre Urlaubszeit in den Jahresüberblick ein.

- **Besondere Termine:** Steht in Ihrer Firma ein Jubiläum an oder gibt es einen Tag der offenen Tür, gehören diese Veranstaltungen samt der notwendigen Vorbereitungszeit ebenfalls in die Jahresübersicht.

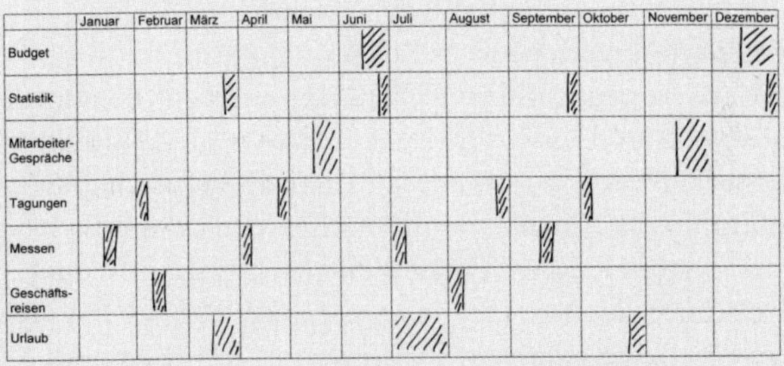

Glossar

Aufgabenkategorie: Nach dem Eisenhower-Schema werden Aufgaben nach Dringlichkeit und Wichtigkeit in die Kategorien A, B, C und D eingeteilt, wobei A den höchsten Stellenwert hat.
Autogenes Training: Entspannungstechnik mit Hilfe von Suggestion und Konzentration, durch die man z. B. Wärme und Schwere in den Gliedmaßen und im Körper spürt.
Biorhythmus: Alle periodischen Vorgänge des Organismus, angefangen vom Wachstum bis hin zur Leistungsfähigkeit. Im engeren Sinn auch Tagesform, Leistungsfähigkeit während des Tages.
Delegieren: Die Übertragung von Aufgaben an andere Personen oder Abteilungen innerhalb des Unternehmens.
Eisenhower-Schema: Bewertung der Aufgaben nach Wichtigkeit und Dringlichkeit und Einteilung in Kategorien (A, B, C und D). Das ermöglicht die effektive Zeitplanung.
Entspannung: Geistige, körperliche und seelische Erholung, Stressabbau. Entspannung ist notwendig, um körperlich und geistig leistungsfähig zu bleiben.
Entspannungstechniken: Entspannungstechniken unterstützen die geistige, körperliche und seelische Erholung. Bekannte Techniken sind Autogenes Training und Meditation.
Freizeitstress: Typisch für Menschen, die beruflich und privat immer im Stress sind und sich auch in der Freizeit zu viel vornehmen. Die Freizeit bietet dann keine Erholung.
Informationsfluss: Der Informationsaustausch in einem Unternehmen oder zwischen einzelnen Personen oder Ab-

teilungen. Ein effektiver Informationsfluss sorgt dafür, dass jeder die Informationen erhält, die er benötigt, bzw. diese an andere weitergibt.
Konzentrationsfähigkeit: Das geistige Leistungsvermögen, das abhängig ist von der körperlichen Verfassung und äußeren Einflüssen wie z. B. Stress, Fitness, Ernährung. Die Konzentrationsfähigkeit ist im täglichen Verlauf unterschiedlich hoch (Biorhythmus).
Kreativzeit: Zeitabschnitte, die z. B. der Entwicklung neuer Ideen, der Umstrukturierung von Arbeitsvorgängen und dem Überdenken von Strukturen gewidmet sind.
Leistungsfähigkeit: Das körperliche Leistungsvermögen, das abhängig ist von der körperlichen Verfassung und äußeren Einflüssen wie z. B. Stress, Fitness, Ernährung. Die Leistungsfähigkeit ist im täglichen Verlauf unterschiedlich hoch (Biorhythmus).
Leistungsphase: Einzelner Abschnitt der Leistungskurve. Es gibt Phasen mit hoher und solche mit niedriger Leistungsfähigkeit.
Meditation: Entspannungstechnik, die mit Hilfe einer bestimmten Atemtechnik Körper, Geist und Seele beruhigt und entspannt.
Pareto-Prinzip: Theorie, dass 20 Prozent des Einsatzes 80 Prozent des Ergebnisses bringen. Dieser Schlüssel zur Gewichtung der Aufgaben wurde nach dem italienischen Wissenschaftler Vilfredo Pareto benannt.
Persönliche Leistungskurve: Darstellung der täglichen Leistungsschwankungen in einem Diagramm, um die Tätigkeit der entsprechenden Leistungsfähigkeit zuzuordnen.
Prioritäten setzen: Bewertung der einzelnen Tätigkeiten und Aufgaben nach Wichtigkeit und Dringlichkeit. Diese werden in eine Rangfolge gebracht, nach der sie »abgearbeitet« werden.

Reservezeiten: Unverplante Zeiten, die z. B. genutzt werden, um unvorhergesehene Tätigkeiten zu erledigen.
Routinearbeiten: Regelmäßig anfallende Tätigkeiten, für die man in der Regel nicht voll konzentriert sein muss, wie z. B. die Pflege der Ablage, Hotelbuchungen.
Schnittstelle: Punkte, an welchen mehrere Abteilungen zusammenarbeiten (z. B. bei der Projektplanung). Ohne einen reibungslosen Informationsfluss an den Schnittstellen ist keine effektive Projektumsetzung möglich.
Selbstmanagement: Alle Fähigkeiten und Eigenschaften, die den Rahmen zur Selbstorganisation und -darstellung bilden. Beispiel: Wer Selbstkritik üben oder Kritik von außen zulassen kann, wird sein Handeln überdenken und an sich arbeiten.
Sperrzeiten: Festgelegte Stunden, in denen man nicht gestört wird, z. B. bei schwierigen und komplexen Aufgaben.
Störung: Ablenkung oder Unterbrechung der Tätigkeit durch äußere Einflüsse, z. B. Telefonate oder Fragen von Kollegen.
Stress: Körperliche oder geistige Überbelastung, welche die körperliche und geistige Leistungsfähigkeit mindert. Über einen längeren Zeitraum kann Stress ernsthafte Erkrankungen zur Folge haben.
Toleranzzeit: Bei der Berechnung einer Frist wird eine längere als die geschätzte Bearbeitungszeit festgelegt, um Zeitreserven zu haben, falls sich die Arbeit verzögern sollte.
Umfeld, berufliches: Strukturen und Ausstattung am Arbeitsplatz. Es gibt den Rahmen vor für das berufliche Zeitmanagement, hat aber auch Auswirkungen auf das private Umfeld.
Umfeld, privates und soziales: Gegebenheiten außerhalb des Arbeitsplatzes. Hat ebenfalls Auswirkungen auf die Zeitplanung im Beruf. Beispiel: Wer kleine Kinder hat, muss

auch deren Bedürfnisse in seinem Zeitmanagement berücksichtigen (zum Kindergarten bringen, Babysitter organisieren etc.) und kann sich nicht nur auf seine berufliche Tätigkeit konzentrieren.

Unternehmensphilosophie: Vorgaben und Wertvorstellungen der Unternehmensleitung. Danach sollten sich alle Aktivitäten der Geschäftsführung und Mitarbeiter richten. Bekannter Leitspruch: »Im Sinne des Unternehmens«.

Web-Organizer: Hilfsmittel zur Zeitplanung im Internet.

Zeithorizonte: Zum besseren Überblick in der Zeitplanung werden die kommenden Monate in drei Abschnitte (Horizonte) aufgeteilt: drei Monate, eine Woche und ein Tag.

Zeitplanbuch: Hilfsmittel zur effektiven Zeitplanung, das neben einem Kalender auch ein Adressbuch und andere Formblätter enthält.

Zeitplanung: Bewertung der einzelnen Aufgaben nach Dringlichkeit und Wichtigkeit, Zuordnung von Bearbeitungszeiten, um die Zeit beruflich und privat optimal zu nutzen.

Zeitpuffer: Großzügige Einschätzung des Zeitbedarfs für eine komplexe Aufgabe oder ein Vorhaben. Beispiel: Auf den geschätzten Zeitbedarf für eine Autoreise sollte ein Puffer hinzugerechnet werden, für den Fall, dass man in einen Stau gerät.

Ziel: Angestrebter Endpunkt. Es gibt große und kleine Ziele. Ausgangspunkt ist der Wunsch.

Zieldefinition: Bereits formulierte Ziele werden durch die Definition konkretisiert, in einzelne Schritte unterteilt und mit einem zeitlichen Rahmen versehen.

Zielformulierung: Ziele werden durch die Formulierung, die konkrete Benennung, bewusst gemacht.

Websites und Adressen

Elektronische Helfer

- www.warentest.de (Hier sind alle neuen und gängigen elektronischen Helfer verzeichnet und getestet)
- www.ftd.de (Link: Palm, Handy & Co.)
- www.compaq.de (Link: Handhelds)
- www.casio.de/organizer/index.php3
- www.handspring.de
- www.palm.com (englische Website)
- www.psionwelt.de
- www.wincecity.de

Zeitmanagement

- www.knowhow-kompakt.com
- www.zmija.de/zeitmanagement.htm
- www.wissensmanagement.net
- www.nebenjob.de

Zeitplansysteme (Papierform)

- www.tempus.de
- www.bab24.de (Übersicht vieler Anbieter dieser Systeme)

Büroorganisation

- www.checkliste.de
- www.infohaus.de (Information über Call-Center, Internetservice, Büroservice und Telefonmarketing – hier kann man diese Dienste mieten, also extern vergeben – zum Thema Delegieren, bei Überlastung.)

Seminare

- ZeitGewinn
  Hechtanger Weg 31
  26160 Bad Zwischenahn
  Tel.: 04403/15 92

- Unternehmensplan GmbH
  Gustav-Mahler-Str. 55
  40724 Hilden
  Tel.: 02103/3 67 70
  Website: www.unternehmensplan.de

- LernAct! Unternehmensentwicklung
  Rambacher Str. 74
  65193 Wiesbaden
  Tel.: 0611/5 42 07 28

- Privates Institut für Organisations- und
  Zeitmanagement e. K.
  Veilchenweg 8 a
  77656 Offenbach

- Karin Zick
  Psychologische Begleitung
  Klenzestr. 67
  80469 München
  Tel.: 089/2 01 57 33
  Website: www.zickpsycho.de

Frequently Asked Questions

- *»Warum reicht meine Zeit nie aus?«*
  Zeit ist immer knapp, ständig ist man gehetzt und eilt von einem Termin zum nächsten. Die Zeit hat einen im Griff, dabei sollte es umgekehrt sein. Die Kunst, mit seiner Zeit klarzukommen, liegt im Zeitmanagement. Ausgehend von Zielen werden Schritte zu deren Umsetzung festgelegt. Die Zeitplanung an sich wird durch Prioritäten bestimmt. Die verschiedenen Aufgaben und Tätigkeiten werden nach Wichtigkeit und Dringlichkeit bewertet und dementsprechend erledigt. Im Blick muss dabei auch die langfristige Planung sein.

- *»Woher weiß ich, was ich zuerst machen muss?«*
  Mit Hilfe des Eisenhower-Schemas können Tätigkeiten nach Dringlichkeit und Wichtigkeit in die vier Kategorien A, B, C und D eingeteilt werden. Kategorie-A-Aufgaben sind diejenigen, die besonders wichtig und eilig sind und aus diesem Grund zuerst erledigt werden müssen. Die anderen Vorgänge werden in die weitere Planung aufgenommen, delegiert oder wandern in den Papierkorb.

- *»Was kann ich dagegen tun, schwierige Aufgaben hinauszuschieben?«*
  Schwierige Aufgaben scheinen manchmal wie ein unüberwindbarer Berg zu sein. Doch selbst die höchsten Berge sind zu erklimmen – begonnen hat es mit dem ersten Schritt. Nachdem die Route geplant – sprich die Aufgabe strukturiert und in einzelne Abschnitte unterteilt – ist, heißt es einfach, einen Schritt nach dem anderen zu machen. Einfach anfangen ist die Devise, nach der ersten halben Stunde läuft alles andere fast von selbst.

- *»Was kann ich tun, um meine Ziele zu erreichen?«*
Um Ziele zu erreichen, müssen Sie diese zuerst definieren. Allgemeine Ziele (»Ich will weniger arbeiten!«) helfen da nicht, da Sie diese nicht kontrollieren können. Ziele müssen konkretisiert, in Unterziele aufgeteilt und in einen Zeitrahmen gebracht werden. Dann gilt es zu überlegen, welche Voraussetzungen erfüllt werden müssen, um das Ziel zu erreichen. Nach der Umsetzung muss kontrolliert werden, ob das Ziel auch erreicht wurde.

- *»Wie werde ich das Chaos auf meinem Schreibtisch los?«*
Aufräumen! Am besten alles leer räumen, gnadenlos ausmisten und alles, was längere Zeit keinen Nutzen gebracht hat, wegwerfen. Man muss sich bewusst machen, welche Papierleichen dort verborgen waren, und künftig rigoroser aussortieren. Ablagefächer für Posteingang, Postausgang, Vorgänge, die erledigt und delegiert werden sollen etc., helfen Ordnung zu schaffen. Konsequenz ist ebenfalls wichtig, um zu verhindern, dass der Schreibtisch erneut in seinen alten Zustand zurückfällt.

- *»Was kann ich tun, damit sich meine Gedanken nicht immer um die Arbeit drehen und ich wieder Schlaf finde?«*
Freizeit ist dazu da, um sich von der Arbeit zu erholen. Nur wer Abstand zu seinem Job gewinnt, kann nach Feierabend neue Energie schöpfen. Darum ist es wichtig, sich abzulenken, sei es durch Sport, Entspannungstechniken, ein gutes Buch oder Verabredungen mit Freunden. Der Schreibtisch hat im Schlafzimmer nichts zu suchen, er erinnert nur an die Arbeit. Wer sich am Ende des Arbeitstages einen Plan für den nächsten macht, weiß, was auf ihn zukommt, hat sich bereits darauf eingestellt und kann beruhigt einschlafen.

Register